珍藏本

纪念版

汉译世界学术名著丛书

自由主义

〔英〕霍布豪斯 著

朱曾汶 译

2017年·北京

Home University Library
Of Modern Knowledge
LIBERALISM
By L. T. Hobhouse, M. A.
London
Williams & Norgate
根据伦敦威廉斯和诺加特公司版本译出

汉译世界学术名著丛书
（120 年纪念版·珍藏本）
出 版 说 明

2017 年 2 月 11 日，商务印书馆迎来 120 岁的生日。120 年前，商务印书馆前贤怀揣文化救国的理想，抱持“昌明教育，开启民智”的使命，立足本土，放眼寰宇，以出版为津梁，沟通中西，为中国、为世界提供最富智慧的思想文化成果。无论世事白云苍狗，潮流左右激荡，甚至战火硝烟弥漫，始终践行学术报国之志，无改初心。

迻译世界各国学术名著，即其一端。早在 20 世纪初年便出版《原富》《天演论》等影响至今的代表性著作，1950 年代后更致力于外国哲学和社会科学经典的译介，及至 1980 年代，辑为“汉译世界学术名著丛书”，汇涓为流，蔚为大观。丛书自 1981 年开始出版，历时三十余年，迄今已推出七百种，是我国现代出版史上规模最大、最为重要的学术翻译工程。

丛书所选之书，立场观点不囿于一派，学科领域不限于一门，皆为文明开启以来，各时代、各国家、各民族的思想与文化精粹，代表着人类已经到达过的精神境界。丛书系统译介世界学术经典，引领时代思想，为本土原创学术的发展提供丰富的文化滋养，为推动中国现代学术和现代化进程做出了突出的贡献。

为纪念商务印书馆成立 120 周年，我们整体推出“汉译世界学术名著丛书”120 年纪念版的珍藏本，寄望既利于文化积累，又便于研读查考，同时向长期支持丛书出版的译者、编者和读者致以敬意。

两甲子后的今天，商务印书馆又站在了一个新的历史时间节点上。我们不仅要铭记先辈的身影和足迹，更须让我们的步伐充满新的时代精神。这是商务人代代相传的事业，更是与国家和民族的命运始终紧密相连的事业。我们责无旁贷，必须做好我们这代人的传承与创造，让我们的努力和成果不仅凝聚成民族文化的记忆，还能成为后来人可以接续的事业。唯此，才能不负前贤，无愧来者。

商务印书馆编辑部

2017 年 10 月

出 版 说 明

本书作者伦纳德·特里劳尼·霍布豪斯[L(eonard) T(relawny) Hobhouse](1864—1929)是英国社会学家和哲学家。先后在牛津大学(1887—1897)和伦敦大学(1907—1927)任教,一度兼任自由工会书记(1903－1905)并对几起劳资谈判进行仲裁。曾为《曼彻斯特卫报》撰稿并担任《论坛报》政治编辑(1905－1907)。除本书外,还著有《认识论》(1896)、《发展和目的》(1913)和《社会学原理》等。

19 世纪在西欧各国中,自由主义在英国发展得最充分、最典型、最具有代表性,几乎成为整个 19 世纪占统治地位的政治思想。本书就是对这一历史时期内自由主义在英国发展过程进行全面论述的专著。重点在于论述杰里米·边沁、约翰·斯图亚特·密尔、格莱斯顿和理查德·科布登等这些有代表性的自由主义思想家的观点、彼此的内在关系以及在英国的政治和社会生活中所起的作用,也表述了作者本人关于自由主义的见解。

本书认为,把自由主义作为一种理论进行探讨时,其最初的理论就是以洛克、卢梭和潘恩等人为代表的天赋权利论,或者称之为自然秩序理论。其主要论点是:一个人无法孤立地实现自己的自然权利,他只有同他人签订协议,并为此目的建立政府来保护他在社会里的权利。他在订立契约时为服从共同规则不得不放弃一些权利,而得到的是公民的权利。人民是主权者,政府是人民的代表。政府只能按照社会条件的许可保护人的天赋权利,其他什么都不能做。书中提出的第二种自由主义理论就是边沁的"最大快乐原则"。这个原则认为它是一个行为、一个机构或一项社会制度的唯一的和最高的原则。大的愉快胜于小的愉快,不含痛苦的愉快胜于包含痛苦的愉快。痛苦可看做负数量的愉快。因此,它要求每个人必须作为一人来计算受影响的个人的数目。一个人必须毫无偏见地考虑获得的快乐或受到的痛苦的数量,要强调人与人之间的平等或公正。这个原则还认为,自由不是主要的,它是一种达到目的的手段。人民主权不是主要的,因为一切政府都是一种达到目的的手段。一个人或一个阶级的统治如果比另一人或另一阶级的统治能给更多的人带来更多的快乐,那么统治工作就应该交给这个人或这个阶级去做,任何人不得干涉。本书认为,尽管边沁主义和天赋自由学说的出发点不同,但它们获得的实际结果并无明显不同。这两种势力联合形成一个学派,对英国自由主义产生极其巨大的影响。

在边沁以后,出现了科布登学派。它是天赋权利学说和边沁学说的汇合,主张自由放任主义,认为个人行为不受约束是一切进步的主要动力,人应该自由竞争,最大限度地发挥个人的能力。这个学派的出发点是经济方面的,着重倡导国际自由贸易,认为政府的功能是有限的。从 19 世纪中期起,英国自由主义史上的两个著名人物是格莱斯顿和密尔。前者信仰科布登原则,支持自由贸易,在他担任自由党领袖和四届首相期间,完成了科布登的财政解放政策，在处理对外关系时主张依靠民族自由和国际公平交易的固有力量，为英国的对外关系开创为人称道的先例。密尔的贡献是将新老自由主义之间的空隙连接起来。作为功利主义者，他对个人权利的看法是，公众的永久利益是同个人权利结合在一起的。社会利益不能与个人利益相矛盾。但是个人利益必须以理性的人的负责任生活为基础。密尔主张代议制政府，而且是比例代表制运动的先驱。他认为对自由的威胁不在于政府，而在于“多数的暴政”。只有居于少数有才智的人的利益和意见得到反映才是真正的民主政体，其出发点是充分实现个人自由。

本书作者认为，自由主义是这样一种信念：社会能够安全地建立在个性的这种自我指导之上，才能建立起一个真正的社会。自由是社会的必需，自由只是社会生活的一个方面。自由与平等紧密结合，社会是仲裁人，其任务是主持公道，防止滥用高压力量。国家的职责是：为头脑和个性创造据以发展的条件，使公民能依靠自身努力获得所需的一切。

以上只是略举本书论点中的荦荦大端，其他仍有值得重视的见解，相信读者会以去伪存真的态度进行分辨。

1994 年 11 月

目　录

第一章　在自由主义以前

现代国家是一种独一无二的文化的特殊产物。但是这种产物仍在制造之中，一部分制造过程乃是社会秩序新旧原则之间的斗争。我们的主要目的是了解新原则，但是要了解新原则，就必须先对旧原则作一回顾。我们必须了解旧的社会结构是怎样的，而旧的社会结构，如我将说明的，主要在自由主义思想的鼓舞下，正在缓慢然而稳当地让位给公民国家这一新的组织。旧的结构本身绝对不是原始的。什么叫真正原始是很难确定的。但是有一点十分清楚。无论什么时候，人总是生活在社会里，每一种社会组织都以亲属关系和简单的邻居关系为基础。在最简单的社会里，这些关系——可能被宗教或其他信仰所加强和扩展——也许是唯一有重要意义的关系。血统的经和通婚的纬织成了一张网，从这张网当中产生了许多小而粗糙但却紧密的团体。但是亲属关系和邻居关系只在小范围内才起作用。地方集团、家族或村社往往是朝气蓬勃的生活的中心，较大的部落聚集体却很难达到真正的社会团结和政治团结，除非以军事组织为基础。但是军事组织既可以把一个部落联合起来，同样也可以使其他部落处于屈从地位，从而以原始生活中最宝贵的东西为代价，建立一个更大同时更有秩序的社会。这样一种秩序一旦建立以后，当然并不以赤裸裸的武力为基

础。统治者们开始拥有一种神圣不可侵犯的权力。这可能因为他们是神或神的后代,也可能因为他们受到全体祭司的祝福和支持。在无论哪种情况下,他们不仅有权掌握人们的肉体,而且有权掌握人们的精神。他们是上帝任命的,因为各种圣职都由他们授派。这样的政府不一定同百姓水火不相容,也不一定对百姓漠不关心。但它主要是高高在上的政府。就它影响人民生活而言,它按照它自以为明智并对它有利的原则给人民规定义务,例如服兵役、纳贡、服从法令乃至新的法律。某一法理学派认为法律是上级对下级发出的命令,并以惩罚制裁为后盾,这种看法是不正确的。但是,尽管这对一般法律来说是不正确的,用来形容那一特定社会阶段却大致是正确的,这个阶段我们可很方便地称之为权力主义时期。

在世界大部分地方以及在历史上大多数时候,存在着的就只有上面所区分的这两种社会组织。当然,两种社会组织本身在细微处可以有许多变异,但是往这些变异的深处看,就只看到这两种交替出现的类型。一种是小的亲属集团,本身往往非常强劲,但是在采取一致行动方面却软弱无力。另一种是较大的社会,其幅员大小和文明程度从一个小的黑人王国到庞大的中华帝国各不相同,它们以某种军事力量和宗教或准宗教信仰的联合为基础,我们给它取一个中间名字,叫做权力原则。在文明较低阶段,照例只有用这个方法镇压敌对民族的抗争,在共同的敌人前维护边界,或建立外部秩序。不实行权力统治,就只好重新回到野蛮人的相对而言的无政府状态中去。

但是古代也出现了另外一种方法。古希腊和意大利的城邦是一种新型的社会组织。它在几个方面与氏族和村社不同。第一,城邦包含许多氏族和村社，其起源也许在于几个氏族不是在征服而是在比较平等的联盟的基础上合并起来。虽然城邦与一个古代帝国或一个现代国家相比显得很小，但是比一个原始的宗族却大得多。城邦的生活更加复杂多变。它容许个人有更多的自由发挥机会，在它发展的过程中，确实也镇压了一些老的氏族组织，并以新的地理的或其他方面的划分来代替。事实上，城邦不是以亲属关系为基础，而是以公民权利为基础，就是这一点使它不仅有别于公社，而且也有别于东方的君主国。它所承认并赖以生存的法律不是上级政府对下属百姓发布的命令。相反，政府本身也服从法律，法律是城邦的生命，受到全体自由公民的自愿支持。从这种意义上说，城邦是一个自由人的共同体。从集体意义上说，其公民是没有主人的。他们自己统治自己，只服从一些生活中的规章，这些规章是古时候传下来的，由于历代人忠心耿耿地执行而具有力量。在这样一个共同体中，有些最令我们伤脑筋的问题是以一种非常简单的形式提出的。尤其个人与共同体的关系是紧密、直接和自然的。他们的利益显然是结合在一起的。除非每个人都尽到自己的义务，否则城邦就很容易被破坏，人民遭到奴役。除非城邦为人民着想，否则它就很容易衰亡。更加重要的是，当时没有教会和国家的对立，没有政治生活和宗教生活之间的分歧，没有宗教和非宗教之间的分歧使公民不能尽到效忠义务，使良心的力量反对爱国的义务。要把这样一个共同体形容为人们由于希望生活得好而联合起来，不必借助哲学的想象，只要相当简单和自然地说明事实就行了。我们如今正在辛辛苦苦满腹狐疑地力求恢复的理想，在古希腊的生活条件下自然而然地就实现了。

另一方面，这个简单的联合有极其严重的局限性，最终导致城邦制崩溃。联合生活的责任特权不是奠基于人类个性的权利，而是奠基于公民身份的权利，而公民身份从来不跟着社会一同扩展。居民中包括奴隶或农奴，在许多城邦中有大批原初被征服的人的后代，他们本身是自由的，但被排斥在统治圈子之外。尽管社会状况相当单纯，城邦却经常被派系纠纷分裂——一部分也许是老的氏族组织遗留下来的影响，一部分也许是财富的增长和新的阶级划分的结果。派系的弊病因城邦处理各城邦间关系问题失当而变本加厉。希腊城邦坚持其自治权，虽然本来可能解决问题的联邦原则最终被采用，但是在希腊历史上为时已晚，挽救不了城邦的命运。

罗马的建设性天才想出了一种不同的方法来应付日益扩大的关系中所包含的政治问题。罗马公民身份被扩大到包括整个意大利，后来又扩大到包括地中海流域的全部自由人。但是这种扩大对于城邦的自治甚至更为致命。意大利人无法在罗马广场或马斯平原集会以选举执政官和通过法律，公民身份扩大得愈广泛，对政治目的也愈无价值。事实上，罗马的历史可以当作一个绝好的例证，它说明，要建立一个大帝国，只能以依靠军事力量的个人独裁为基础，并以有效的官僚机器来维持和平与秩序，除此以外，要在任何其他基础上建立这个帝国，是何等的困难。在这个巨大的机构中，军队是权力的中心，或者不如说，每支驻扎在某个遥远边境基地上的军队都是一个潜在的权力中心。一个早已公开的“帝国的秘密”是：罗马以外的任何一个地方都可以立一个皇帝，虽然当皇帝的人始终有点神圣，法学家也念念不忘皇帝体现人民意志这一理论，事实却是：皇帝是一支强大的军队选中的，由战神批准，只要能够镇压任何敌对的觊觎王位者，就能保持权力。帝国在持续的战争中迅速解体，这倒并不是因为边境内外都存在着野蛮暴虐。为了恢复秩序，中央和地方权力之间的妥协是必不可少的，封建主就成了一地之君，效忠于一位远方的君主，忠诚程度视情况而定。在这同时，由于秩序普遍混乱，西欧大部分人民失去了自由，一来是由于征服，一来是由于在乱世必须找到一个保护者。中世纪的社会结构于是就采取了我们称之为封建制度的等级形式。在这个彻底应用权力原则的过程中，每个人在理论上都有他的主人。农奴听命于地主，地主听命于大庄园主，大庄园主听命于国王，国王听命于皇帝，皇帝由教皇加冕，教皇听命于圣彼得。从宇宙的统治者到最卑微的农奴，门第的链子算是完成了。① 但是在这个体系里，工商业的兴起提出了新的自由中心。人们在城市里重新学习有关联合起来进行共同防御和管理共同利益的课程，这些城市从贵族或国王那里获得了权利特许状，在欧洲大陆甚至成功地建立了完全的独立。英国从 1066 年被威廉征服起，中央权力最为强大，但即便在英国，城市也由于许多原因变成了自治的共同体。城邦又重新诞生，随之而来的是活动激增，文学艺术复兴，古代学问重新发现，哲学和科学再生。

中世纪的城邦比古代的城邦优越，主要在于奴隶制在其生存

---

① 这当然只是中世纪理论的一个方面，但是这个方面最接近于事实。在中世纪，在古典传统的影响下，出现了一种相反的观点，认为政府的权力来自被统治者。但是它的主要影响和重要性在于它被当做后来一种思想的起点。关于这整个问题，读者可参阅吉尔克的《中世纪的政治理论》，剑桥大学出版社出版，梅特兰译。

中不是一个重要因素。相反，通过欢迎逃亡农奴，为其自由辩护，大大促成了较温和的奴役制的灭亡。但是，和古代的城邦一样，它被内部派系斗争严重地、永久性地削弱，而且和古代城邦一样，其成员的特权不是奠基于人类个性的权利，而是以公民的责任为基础。城市的自由只限于"特许权"，亦即通过特许状获得的公司权利以及从国王或封建主那里争取到的权利，其中包括行会和同业公会的权利，这些权利只有作为这些集体成员的人们才能享受。但是城邦的真正弱点依然是它的孤立。它仅仅是一代又一代变得愈益强大的封建社会边界上（实际上是在边界内）一个相对自由的小岛。随着交通的发达和生活艺术的提高，中央权力（尤其在法国和英国）开始超过封建主。封建主的反抗和骚乱被镇压下去，到15世纪末，庞大的、统一的国家（现代国家的基础）已开始存在。它们的出现意味着社会秩序的扩大，在某些方面更意味着社会秩序的改进。在早期阶段，它赞成公民自治，镇压地方无政府主义和封建特权。但是中央集权的发展最终是和公民独立的精神不相容的，有害于国王及封建主之间早期的斗争为全体人民获得的政治权利。

于是，我们进入了现代时期，这个时期的社会建立在一个绝对权力主义的基础上。国王的权力至高无上，并倾向于专制独裁。在国王以下，从大地主直至干零活的工人，分成许多社会等级。这个时期较诸早期的社会有一点不同。金字塔的底部是一个至少拥有人身自由的阶级。农奴制在英国实际上已经消失，在法国大部分地方不是消亡了，就是削弱成为土地保有权的某些可憎的财产附带权。另一方面，英国农民开始脱离土地，为这个国家今后将发生的社会问题奠定了基础。

现代国家是从一种权力主义制度的基础开始的,那种制度提出抗议,从宗教、政治、经济、社会以及伦理道德种种方面提出抗议,就是自由主义的历史性开端。因此,自由主义最初是作为一种批判出现的,有时甚至作为一种破坏性的、革命性的批判。在长时期内,它的消极作用是主要的。它的任务似乎是破坏而不是建设,是去除阻碍人类前进的障碍而不是指出积极的努力方向或制造文明的框架。它发现人类受到压迫,立志要使其获得自由。它发现人民在专制统治下呻吟,国家受一个征服种族的蹂躏,工业受社会特权阻挠或被赋税摧残,就提供救济。它到处消除自上而下的压力,砸烂桎梏,清除障碍。等破坏完成以后,它是不是也会致力于必要的重建?自由主义的本质到底是建设性的抑或仅仅是破坏性的?它是否具有永久性的意义?它是否表达了社会生活的某些重大真相,抑或只是西欧特殊环境所造成的暂时现象?它的任务是否已经完成,只消心安理得地把火炬交给一个更新的、更有建设性的原理,自己功成身退,或者偶尔寻找一些更落后的地方来进行传教工作?这些都在我们需要回答的问题之列。眼下,我们只消指出,自由主义起源的环境足以解释为什么批判性和破坏性的工作占主要地位,而无需由此推断出缺少最终的重建力。事实上,无论是借助自由主义还是通过人类的保守本能,重建工作始终是和破坏工作同时进行的,而且将会一代比一代更加重要。现代国家,如我将要说明的,大大有助于使自由主义诸要素融会贯通,等我们懂得了这些要素,明白它们在何种程度上已获得实现,我们就能更好地理解自由主义诸要素,并解答其永久性价值的问题。

第二章　自由主义诸要素

这里我无法对自由主义运动的历史发展作一全面阐述，而只能扼要介绍它攻击旧秩序的几个要点以及指引自由主义运动前进的几种基本思想。

1. 公民自由

从逻辑发展以及历史意义上讲，第一个攻击点是专制统治，第一项要争取的自由是按照法律对待的权利。一个人对另一个人没有合法权利，完全受另一人支配，被那人随意摆布，就是那人的奴隶。他是“无权”，没有权利。如今，在某些野蛮的君主国里，在臣民与君主的关系中，往往实行这种无权制度。在这些国家里，人们虽然彼此间照惯例享有人身权利和财产权利，但是对于国王却根本没有权利，全凭国王个人的好恶来决定一切。欧洲君主或大庄园主从未公认地享有过这种权力，但是欧洲政府在各个时候和各个方面却行使过或要求过原则上专制程度不稍逊的权力。例如，正常的法院是以正常的审判形式对一个人犯下的特定的罪行施加特定的刑罚，专制政府却按照本身的意愿和好恶，采取逮捕、拘留和惩罚等等法律以外的方式。今天的俄国以“行政”手段施加的惩罚就属于这种性质；旧制度下的法国以“密信”[①]实行监禁也属于这种性质；叛乱时期以所谓军法名义实行的一切处决，以及爱尔兰中止执行各种即时和公正的审判，都属于这种性质。这种形式的专制政府是17世纪英国议会的第一批攻击目标之一，人民的这第一种自由得到了《权利请愿书》以及《人身保护法》的确认。值得注意的是，这自由的第一步实际上正是要求法治。“处于政府之下的人们的自由，”洛克在总结整整一章关于17世纪的争论时说，“是要有一个长期有效的规则作为生活的准绳，这种规则由社会所建立的立法机关制定，并为社会的一切成员共同遵守。”

这就是说，普遍自由的第一个条件是一定程度的普遍限制。没有这种限制，有些人可能自由，另一些人却不自由。一个人也许能够照自己的意愿行事，而其余的人除了这个人认为可以容许的意愿以外，却无任何意愿可言。换言之，自由统治的首要条件是：不是由统治者独断独行，而是由明文规定的法律实行统治，统治者本人也必须遵守法律。我们可以从中得出一个重要结论，即自由和法律之间没有根本性的对立。相反，法律对于自由是必不可少的。当然，法律对个人施加限制，因此它在一个特定时候和一个特定方面与个人的自由是对立的。但是，法律同样也限制他人随心所欲地处置个人。法律使个人解除了对恣意侵犯或压迫的恐惧，而这确实是整个社会能够获得自由的唯一方法和唯一意义。

① 密信：法国大革命前国王不通过法律手续下达监禁或放逐某人命令的有封印密信。——译者

这番道理中有一个先决条件不容忽视。在假定法治保证全社会享有自由时,我们是假定法治是不偏不倚、大公无私的。如果一条法律是对政府的,另一条是对百姓的,一条是对贵族的,另一条是对平民的,一条是对富人的,另一条是对穷人的,那么,法律就不能保证所有的人都享有自由。就这一点来说,自由意味着平等。正因为如此,自由主义才要求有一种能保证公正地实施法律的诉讼程序。才要求司法部门独立,以保证政府及百姓之间处于平等地位。才要求诉讼收费低廉,法院大门敞开。才要求废除阶级特权。[①] 到时候还会要求废除以金钱收买老练的律师的权力。

2. 财政自由

与司法自由紧密联系,在日常生活中更普遍感受到的,是财政自由问题。斯图亚特王朝横征暴敛,使英国的事态陷于危机。乔治三世以同样不含糊的方法,使美国的事态陷于危机。法国大革命的直接原因是贵族和教士拒绝承担他们的一份财政义务。但是财政自由比司法自由提出更多尖锐的问题。以一项普遍和公正地实施的法律来规定捐税是不够的,因为捐税按照公共需要而每年都有所不同,其他法律可以无限期地保持稳定不变,捐税却理所当

① 在17世纪的英国,“教士恩典”依然是对不少罪行免除刑罚的良好借口。在那个时候,凡识字的人都可要求恩典,因此是属于有文化阶级的一种特权性质。1705年,识字的规定被取消,但贵族和神职人员仍可向他们的教士求情,这种特权的残余直到19世纪才终于全部肃清。

然地必须随时调整。严格地说，这是行政机关的问题，而不是立法机关的问题。因此，百姓在财务方面的自由就意味着对行政机关施加限制，不仅是依靠明文规定的法律，而且还要依靠更加直接和经常的监督。一句话，这意味着责任政府制，此所以我们更多地听见“无代表，不纳税”的呼声而较少听见“无代表，不立法”的呼声。因此，从 17 世纪开始，财政自由就包含着所谓的政治自由。

3. 人身自由

政治自由放在最后谈较为方便，但是这里要指出，另外还有一条路可以达到而且事实上已经达到政治自由。我们已经知道，法治是走向自由的第一步。一个人被他人控制是不自由的，只有当他被全社会必须服从的原则和规则所控制时才是自由的，因为社会是自由人的真正主人。但这仅仅是问题的开端。可能有法律，也可能不像斯图亚特王朝那样把法律置之不顾，然而，第一，法律的制定和维护可能取决于最高统治者或寡头统治集团的意志，第二，法律的内容对少数人、多数人或除那些制定法律的人以外的所有人可能是不公正的和压制性的。第一点涉及我们暂缓讨论的政治自由问题，第二点则提出了占有自由主义大部分历史的那些问题，要解决这些问题，我们必须问：哪种类型的法律被认为是特别压制性的，在哪些方面必须不仅通过法律，而且还必须通过废除坏的法律和暴虐统治来争取自由。

第一，存在着一个所谓人身自由领域，这个领域很难说清楚，但它是人类最深沉的感觉和激情的最猛烈的斗争场所。其基础是

思想自由——一个人自己头脑里形成的想法不受他人审讯[①]——必须由人自己来统治的内在堡垒。但是，要是没有思想交流的自由，思想自由就没有什么用处，因为思想主要是一种社会性的产物；因此，思想自由必须附带有言论自由、著作自由、出版自由以及和平讨论自由。这些权利并不是不受怀疑、没有困难的。言和行在某一点上很难区别，言论自由可能意味着制造动乱的权利。正当自由的界线无论在理论上还是实践上都不易划定。它们把我们直接引向自由和秩序可能发生冲突的许多点中的一点，而我们要应付的正就是这种冲突。就有关的宗教自由权利而言，冲突的可能性也不小。这种自由绝不能认为是绝对的。任何一个现代国家都不会容忍一种以吃人肉、以人为祭品或焚烧巫婆为内容的宗教崇拜。事实上，这类做法——它们是各种最虔诚地保持着的原始信仰自然而然地产生的——已经被那些负责统治欠发达种族的文明人习惯性地取缔。英国法律承认印度的一夫多妻制，但是我想一个穆斯林或印度人未必能在英国同时娶两个妻子。进行斗争也不是为了这种自由。

那么，宗教自由的主要意义究竟是什么呢？从表面上讲，我认为它包括思想自由和言论自由，另外还有任何一种不伤害他人、不破坏公共秩序的崇拜权利。这个限制似乎还附带着言论应有某种礼节和克制，避免不必要地伤害他人的感情；我认为对这种含义必须予以承认，尽管它为紧张和不公正的应用留有余地。还有，从外在意

---

① 参阅法盖著《自由主义》中饶有兴趣的一章，其中指出，所谓“思想是自由的”这句老话是被任何审讯所否定了的，审讯者强迫一个人说出自己的想法，如果这些想法不投审讯者所好，此人便会受到惩罚。

义说，我们必须注意到，对宗教自由的要求很快就超出单纯信仰自由的范围。任何信仰只要伴随着诸如开除职位或剥夺受教育权利等惩罚，宗教自由就是不充分的。在这一点上，充分自由同样意味着充分平等。从内在意义说，宗教自由的精神基于这样一种认识，即一个人的宗教是同他最内心深处的思想感情并列的。它是他本人对生活、对人类、对世界、对他自己的起源和命运所持的态度的最具体表现。因此，没有一种真正的宗教不是充满个性的；宗教越是被承认为精神的，当任何人企图把一种宗教强加于人时，矛盾就越是突出。严格地说，这种企图并不恶劣，然而是不可能实现的。那些想从外部以机械手段强使人们改变信仰的人，是对真正的宗教犯下弥天大罪。他们自欺欺人，对他们感受最深的东西的性质一无所知。

但是，在这一点上我们又遇到了困难。宗教是个人的事。但宗教不明明也是社会的事吗？对于社会秩序，还有什么比信仰更加重要呢？如果一个人因为偷了一点鸡毛蒜皮的东西就被我们送进监狱，那么，对于那个我们以名誉担保，确信是在毒害人们的心灵，使他们永远堕入地狱的人，我们又该如何处置呢？还有，一些人宣扬的道理，如果被化诸行动，将会使肢刑架和火刑柱死灰复燃，我们又如何以自由的名义来对待这些人呢？这里又一次存在着一个必须仔细研究的定界问题。这里我只指出，我们的实践已获得一个解答，总的来说，迄今这个解答效果不错，而且有原则基础。一个人有宣传托尔克马达[①]的信条或穆罕默德的宗教的自

① 托尔克马达(1420—1498)：西班牙多明我会修士，西班牙第一任宗教总裁判官，任职期间以火刑处死异端分子约2 000人。——译者

由，但是没有身体力行以致侵犯他人权利或破坏和平的自由。言论和信仰只要是表达个人的虔诚，就都是自由的。一种宗教灌输的仪式如果侵犯他人的自由，或者更广泛地，侵犯他人的权利，这种仪式就不配享有绝对的自由。

4. 社会自由

现在我们从生活的精神方面转向实际方面。在这个方面，我们可以观察到，第一，自由主义必须应付社会等级组织对个人实行的那些限制，这类限制把某些职位、某些职业、受教育的权利或至少是受教育的机会保留给某个阶层或阶级的人。就其极端形式来说，这是一个种姓制度，其限制既是社会的，又是宗教的或法律的。在欧洲，它具有不止一种形式。某些职业是由社团垄断的，这在18世纪法国改革家心目中很突出。某些公职和神职是保留给那些“生而有之”的人的。另外还有一种更为流行的阶级精神，对那些能够而且将会高升的人抱敌对态度；这种精神在不具有财产的智能超常的人难以受到教育这一事实里，找到了更实质性的同盟。大家都知道的我就不说了，但是必须再指出两点。第一，争取自由的斗争依然也是争取平等的斗争。选择和从事职业的自由要充分行之有效的话，意味着从事此类职业的机会必须和他人均等。事实上，这是促使自由主义去支持一项全国性的公费教育制度，并沿着这个路线继续前进的许多种理由中的一种。第二，尽管我们可以坚持个人的各项权利，但是团体或准团体（如工会）的社会价值是不容忽视的。经验表明，工业问题上必须有某些集体管理的措

施，而在使这些措施同个人自由协调的过程中，会发生严重的原则困难。这些将在下节谈。但是有一点不妨指出。自由主义一个明确的原则是：团体成员身份不应依靠任何继承资格，也不应为获得这种身份设置任何人为困难，“人为”一词指的是任何非该职业本身所固有的，而是为了独占而故意设置的困难。就反对所有此类限制方法而言，自由主义的立场是很明显的。

这里只需再补充一句：性别限制在各方面都和阶级限制相同。有些职业，对妇女来说无疑是不适宜的。但要是这样的话，只要测试一下适宜程度就足可把妇女排斥在外了。“为妇女开辟道路”是“为人才开辟道路”的一个应用，一个非常重要的应用，实现这两者是自由主义的精髓。

5. 经济自由

在现代时期的早期，除垄断以外，工业是被各种形式的限制性立法、航行法和关税所束缚的。尤其是，关税不仅是自由企业的阻碍，而且还是造成各行业间不平等的缘由。关税的根本性作用是通过使某些工业对消费者不利，把资本和劳力从在某一地点能最有利地使用的对象转移到较少有利地使用的对象。在这一点上，自由主义运动既攻击阻碍，又攻击不平等。在大多数国家里，这种攻击已成功地摧毁了地方关税，建立了相当大的自由贸易单位。只有在英国，仅仅因为我们早期在制造业方面的优势，才完全成功地克服了保护主义原则，而甚至在英国，要不是因为我们依靠从外国进口食物和工业原料，反动的保护主义者肯定至少已获得了暂时的胜利。自由主义思想最伟大的胜利是最靠不住的胜利。在这同时,自由主义随时准备好重新进行斗争,它在自由主义队伍内部没有引起反击和反向运动。

对工业的安排有序的限制,情况就不同了。旧的规章制度已不适用于当时的条件,在 18 世纪要求停止实施,要么在工业革命初期被正式废除。在一个时期内,完全不受限制的工业企业仿佛将成为进步的口号,那时发出的回声至今尚不绝于耳。但是,旧的限制还没有正式撤销,新的管理过程又开始了。新工厂制度所产生的状况使公众大为震惊;早在 1802 年,就开始制订一系列法律,从这一系列法律中产生一部年复一年注视工人生活以及工人同雇主关系的工业法典,并订出更多细则。这个运动的初期阶段被许多自由主义者以怀疑和不信任的目光看待。目的当然是保护弱的一方,但是方法却是干涉契约自由。一个健全的成年人的自由——甚至像科布登这样坚强的个人主义者也承认儿童的情况除外——意味着他有权缔结最符合他本身利益的契约,并且有权利也有义务自己来决定自己的生活方式。由于自由契约和个人责任接近整个自由主义运动的核心,才有那么多自由主义者对于用法律管理工业表示疑虑。尽管如此,随着时间的推移,最坚决的自由主义者也不仅终于接受,而且还积极促进扩大政府对工业领域的控制以及在教育方面,甚至抚养儿童方面、工人住宅方面、老残病弱照顾方面、提供正常就业手段等方面实行集体责任。在这些方面,自由主义似乎在走回头路,我们必须深入探讨这种倒退究竟是原则改变问题,还是用途改变问题。

与契约自由紧密连在一起的是联合自由。如果人们基于共同

利益缔结一项协议，只要不损害第三方，他们显然会同意永远以同样条件对任何一个具有共同利益的目的采取一致行动。也就是说，他们可以组织联合。但是，实际上，联合的力量是一样和各个组成该联合的人的力量大相径庭的东西；只有靠法律条文才能试图按照从个人间的关系中得出并适合这种关系的原则来控制一种联合的行为。一种联合可以强大到形成国内之国，并在绝非不平等的条件下同政府抗争。某些革命团体，某些教会组织，甚至某些美国托拉斯，它们的历史可以援引来说明这种危险并非是凭空想象的。除此以外，一种联合可能压迫其他联合，甚至压迫自己的成员，自由主义的职责与其说是保护联合的权利，反对法律的限制，倒不如说是保护个人，抵制联合的力量。事实上，就这一点来说，自由的原则是两者兼顾，这双重应用见诸历史。然而，从 1824 年到 1906 年这个时期，工会的解放可能还不彻底，主要是一个解放运动，因为工人只有联合起来，才能和雇主处于接近平等的地位，也因为法律事实上是永远也阻止不了雇主暗中联合的。它同样也是一个通过平等争取自由的运动。另一方面，尽管资本的联合可能强大得多，理所当然地受到怀疑，工会的压制力也绝对不可忽视。这里并没有原则的矛盾，而是对真正的环境差异的公正评价。总之，可以这么说，自由主义的职责与其说是维护自由联合的权利，不如说是在各个情况下用这种方式确定权利，以有利于最大限度的真正自由和平等。

6. 家庭自由

在国家的一切联合组织中，家庭这一小型社会是最普遍的，具有最强大的独立生命力。专制家庭是专制国家的缩影,其中丈夫在很大程度上是妻子和子女的人身财产的绝对主人。解放运动要争取实现三点:1)使妻子成为一个完全承担责任的人,能够拥有财产,起诉和被起诉,自己经营业务,并对她丈夫享有充分的人身保护;2)尽可能按照法律在一个纯粹契约性的基础上建立婚姻,婚姻的圣礼按照双方宣布的宗教仪式办理;3)为儿童争取肉体、精神和道德上的关怀,办法是让父母担负起一定的责任,若疏忽则予以惩处,同时拟订一项教育和卫生的公共制度。头两点是自由和平等互相依赖的典型例子,第三点则经常被看作是社会主义倾向而非自由主义倾向。事实上,国家主管教育产生了某些严重的原则问题,至今尚未圆满解决。总的来说,如果教育是一种国家有权强制执行的责任,对于选择教育路线就也有一种对抗的权利,忽视这一点是有害的,而调节的方法无论在理论上或实践上都有待恰当地决定。不过,我坚决主张,国家是高一级父母这一总概念既真正是社会主义的,也真正是自由主义的。它是儿童权利的基础,是保护儿童免遭父母疏忽的基础,是儿童作为未来公民将会要求的机会均等权利的基础,是他受训练以便成年后在社会制度中履行职责的基础。这里,自由又一次包含着控制和限制。

7. 地方自由、种族自由和民族自由

现在我们要从最小的社会单位转到最大的社会单位。解放运动有一大部分关系到一大批民族起来反对异族统治、欧洲反抗拿破仑、意大利为自由斗争,关系到土耳其基督徒的命运、黑人的解

放、爱尔兰和印度的民族运动。不少这种斗争提出了最简单形式的自由问题。问题曾经是而且经常是为弱的一方争取最起码的权利;不为这种要求所动的人与其说是缺乏逻辑或道德,不如说是缺乏想象力。但是,在民族运动背后,确实冒出许多极其棘手的问题。民族与国家有什么不同?它构成什么样的整体,它的权利是什么?如果爱尔兰是个民族,阿尔斯特是不是民族?如果阿尔斯特是一个英格兰和新教徒民族,阿尔斯特属于天主教的一半又是什么?历史在某些方面已经给了我们切实的回答。例如,历史表明,享有责任制政府的法国人和英国人,尽管历史上存在着一切宗教信仰、语言和社会结构方面的争端和差异,却融合成了加拿大这一民族。历史证明德意志是一个民族这个信念是正确的,并对梅特涅[①]所谓意大利是个地理表现这句表示轻蔑的话加以嘲笑。但是如何预见历史,给一个要求成为一个独立自主单位的民族哪些权利,这些问题就不大容易解决了。毫无疑问,自由主义总的倾向是赞成自治,但是,面对着再分问题以及集团与集团之间的复杂问题,它必须依靠历史的具体教导以及政治家的务实眼光去确定如何为自治划定界线。不过,有一个经验主义的标准似乎是切实可行的。如果一个弱小的民族与一个较大或较强的民族合并后,能够用对联合双方都行得通的普通法律加以统治,并履行自由的所有一般性原则,那么,这种安排对双方来说就是最好的。但是,如果这个方法失败了,如果政府不得不经常借助非常的立法或使它自己的机构非自由化,那情况就十分紧急了。在这种状况下,最为

① 梅特涅(1773—1859):曾任奥地利首相。——译者

思想解放的民主也等于在维持一种必然会破坏它本身原则的制度。赫伯特·斯宾塞先生评论说,亚述征服者在半浮雕中被描绘成用一根绳子牵着他的俘虏,实际上自己是被那根绳子捆住的。只要他保持权力,他就失去自由。

关于种族也产生类似的问题,许多人错误地把种族同民族混淆起来了。就有关基本权利而言,自由主义的态度是不容置疑的。但是一考虑到应该保证这些权利的政治力量,问题就产生了。黑人或卡菲尔人在智力上和道德上是否能实行自治或加入一个自治的国家?开普殖民地[①]的经验倾向于做出肯定的回答。我认为,美国关于黑人的经验做出了一个更令人怀疑的回答。强行扩大白人对黑人的权利也许是毁灭黑人的最好方法。通过灌输个人财产、自由转让土地、自由购买酒类等概念来摧毁部族习俗,也许是剥夺者最便利的方法。在与弱小民族的一切关系中,我们是在一种被不老实地唱高调败坏了的气氛中活动的。如果人们说平等,他们指的是被各种法律所压迫。如果他们说保护,他们指的是对喂肥了的鹅的保护。在这种情况下,只要原则和推论有用,最可靠的办法也许是把目光集中在问题的要素上,在世界上任何一个地方支持任何一种方法,只要这种方法能使"有色"人种摆脱人身暴力,摆脱鞭笞,摆脱剥夺,摆脱烈酒,尤其是,摆脱白人本身。直到白人充分学会管理自己的生活为止,他对黑人所能做的最好的事是什么事也不要做。在这方面,更建设性的自由主义尚需假以时日。

① 开普殖民地:1806年在今南非境内建立的英国殖民地。——译者

8. 国际自由

如果不干涉是对于野蛮人最好的东西，那么，许多自由主义者认为它同样也是国际事务中最明智的办法。这个看法以后再谈，这里我只指出三点：1）自由主义的真髓是反对使用武力，武力是一切暴政的基础；2）自由主义的实际需要一是反对武装力量的残暴专横。武装力量不仅可以如同在俄国那样被直接用来侵犯自由，而且如同在西欧那样，军事精神还有更巧妙的办法腐蚀自由制度，侵吞本来可以用来促进文明的公共资源；3）随着世界的日趋自由，使用武力将变得没有意义。如果不是以这种或那种形式征服一个民族，发动侵略是没有好处的。

9. 政治自由和人民主权

在所有这些权利问题后面，是如何争取和保持权利的问题。是靠行政机关和立法机关对全社会履行责任吗？这是一般人的回答，它表明自由的总理论与普选权及人民主权学说之间的联系之一。然而，这个回答并不符合问题的全部可能性。人民作为一个整体可能不重视他们的权利，没有能力行使权利。他们可能受促嗾使去征服他人，剥夺富人，或干出任何一种集体暴行或愚行。从普遍自由和社会发展观点看，有限的选举权反倒可能比扩大了的选举权效果更好。甚至在这个国家里，1884 年选举权的扩大在几年内使得自由在各方面停止发展，这种说法是言之有理的。人民主权原则建立在什么理论上，在什么限度内有效？它是否是自由和平等总原则的一部分，抑或还包含着其他概念？这些就是我们所要探讨的问题。

我们已经非常简单扼要地回顾了自由主义运动的各个主要方面。我们已经指出，第一，自由主义运动是和生活共同发展起来的。它关心的是个人、家庭和国家。它涉及工业、法律、宗教和伦理道德。如篇幅允许的话，不难说明一下它对文学艺术的影响，它同习俗、虚假和保护人的斗争，以及它为自我表现、为真实、为艺术家的灵魂进行的斗争。自由主义是现代世界生活结构的一个贯穿一切的要素。第二，自由主义是一支有效的历史力量。它的任务在任何地方都未完成，但它几乎在每一个地方都获得进展。现代国家，如同我们在除俄国以外的欧洲，在英国殖民地，在北美和南美，以及我们开始在俄帝国以及广阔的亚洲大陆看到的，乃是吸收了自由主义原则而或多或少地改变了的旧的专制社会。第三，关于这些原则本身，我们认识到，自由主义在每一要点上都是一项被其名字充分表示的运动——一项解放人民、扫清障碍、为自发性活动开辟道路的运动。第四，我们看到，在许多情况下，从一个方面看是争取自由的运动，从另一个方面看却是争取平等的运动，两者习惯性结合已成定论。最后，我们看到在无数例子下，自由的精确定义和平等的精确意义依然是模糊不清的，我们的任务就在于对此加以探讨。再者，我们主要是从自由主义的早期和比较消极的方面来看待它的。我们把它看作一种在旧社会里活动的力量，通过松开旧社会的结构加诸人类活动的桎梏来改变旧社会。我们还要问，按照自由主义原则，能形成什么样建设性的社会组织；就

是在这一点上，自由和平等原则具有更充分的意义，并想出办法来应用这些原则。人民主权问题也指出同样的需要。因此，我们余下的工作路线是明确地规定了的。我们必须了解自由主义的基本原理，研究在它们提供的基础上能建立起什么样的组织。要解决这个问题，必须回顾自由主义思想某些明确的历史阶段。我们将了解历代的思想家们如何钻研上面指出的各个问题，局部的解答如何引起更深入的探索。在各种思想的实际运用的指引下，我们将接触自由主义的核心，并将试图把自由主义学说诸要素作为一种建设性的社会理论形成一个概念。然后我们将把这个概念应用于当代更重大的政治问题和经济问题；这将使我们最终能够估计自由主义作为现代世界一支活的力量的目前的地位以及自由主义的理想化为现实的前景。

第三章　理论的发展

巨大的变革不是由观念单独引起的；但是没有观念就不会发生变革。要冲破习俗的冰霜或挣脱权威的锁链，必须激发人们的热情，但是热情本身是盲目的，它的天地是混乱的。要收到效果，人们必须一致行动，而要一致行动的话，必须有一个共同的理解和共同的目的。如果碰到一个重大的变革问题，他们必须不仅清楚地意识到他们自己当前的目的，还必须使其他人改变信念，必须沟通同情，把不信服的人争取过来。总之，他们必须表明他们的目的是可能达到的，它是与现制度相容的，或至少是与某种可行的社会生活方式相容的。事实上，他们是被他们精心制作思想观念并最终制定某种社会哲学的需要驱使的，推动他们前进的哲学产生于人类感情的实际需要。那些由抽象思考形成、与人类饥渴的灵魂无关的哲学自始至终是无用的和学究气的。

英国人在理论领域中的确比较胆小和笨拙，所以自由主义运动在英国往往想办法摒弃各种笼统的原则。在自由主义运动早期，其形式是比较稳健的，它假借宪政的名义来谋求达到它的目的。针对斯图亚特王朝的要求，既有一个哲学的论据，也有一个历史的例证，早期的议会领袖更多地依靠先例而不依靠原则。这个方法体现在辉格党的传统中，一直延续到今天，成为自由主义者制订行动纲领的要素之一。这可以说是自由主义中的保守主义成分，有助于抵抗侵犯，有助于获得持续的发展。事实上，在改变了的环境下维持旧秩序等于引起一场革命。17世纪的情况就是如此。皮姆[1]及其追随者们能够在我们的宪法史中为他们的论点找到正当理由，但是要这样做的话，他们必须对斯图亚特王朝和都铎王朝进行深入的调查研究，而在1640年运用14和15世纪的各项原则，实际上就是发动一场革命。在当代，维护下院的权利，反对上院，从表面上看，是坚持老的宪法权利，但是要在使下院成为整个国家的代表的新环境下这样做，实际上就是破天荒第一次在牢固的基础上建立民主，而这又是实行一场革命。

现在，那些实行一场革命的人必须了解他们是否在领导世界。他们需要有一种社会理论——事实上，比较彻底的运动的鼓吹者总是有这样一种理论；尽管如我们已指出的，理论来自他们感觉到的实际需要，故而容易赋予仅仅有暂时性价值的思想以永恒真理的性质，但并不因此而被当做不太重要而弃之不顾。理论一旦形成，就对其拥护者产生作用，为他们的工作指示方向，加强团结。它反过来又成为一支真正的历史性力量，其凝聚性和恰当性的程度不只是学术上感兴趣的问题，而且也是具有实际意义的问题。再者，理解一场运动的进程，通过了解其思想家和政治家所抱有的一系列观点，要比通过研究各种迂迴曲折的政治事件以及繁复纷纭的党争来了解明白容易得多。观点自然会影响处理问题的方法，无论是纯理论的问题还是实际的问题。对于历史学家来说，观

① 皮姆(1583—1643)：英格兰政治家。——译者

点是一个中心，围绕这个中心，各种不同的甚至互相冲突的思想和政策组合起来，显示出它们内在的相似之处。因此，我们现在要求探讨一下自由主义运动所持的各种主要观点，并且把争取自由的热情力求在其中表达的各种主要理论加以区别。

第一种理论我们称之为自然秩序理论。

早期的自由主义必须对付教会和国家的极权统治。它必须为人身自由、公民自由及经济自由辩护，在这样做的时候，它立足于人的权利，同时因为它必须是建设性的，又不得不适当地立足于所谓的自然秩序的和谐。政府要求有超自然的制裁力和神圣的法令。自由主义的理论答称人的权利是以自然法则为基础的，而政府的权利则以人的机构为基础。最古老的"机构"是个人，原始社会是个人在家庭感情影响下并为了互相帮助而形成的自然组合。政治社会是个比较人为的安排，是为了获得更好的秩序和维持共同安全这一特殊目的而达成的协议。洛克认为，政治社会是建立在国王和人民之间的契约上的，如果一方违反条款，契约也就终止。或者，按照卢梭的观点，政治社会主要是人民相互之间的契约，依靠这种安排，可以从许多相冲突的个人意愿中形成一个共同的或普遍的意愿。政府可作为这种意愿的机关予以建立，但它从人民获得权力，当然必须服从人民。人民是主权者，政府是人民的代表。

无论把这些理论分开的观点差别是什么，从洛克到卢梭和潘恩，以这种观念从事工作的人都一致把政治社会看成是一种限制，人们为了特定目的而自愿服从限制。政治机构是屈从和不平等的起源。在政治机构的前面和后面，是自由和平等的个人的集合。

但是孤立的个人是没有活动能力的。他享有的权利只被他人的相应权利所限制，但是除非机缘使他占了上风，他无法行使这些权利。因此，他觉得，为了相互尊重权利，最好与他人签订协议；为了这个目的，他建立了一个政府来维护他在社会里的权利，并保护社会免受外来攻击。由此可见，政府的功能是受限制的，可以限定的。这就是：按照社会条件的许可准确地保护人的天赋权利，其他什么都不能做。任何进一步使用国家的强制性力量的行为都是属于违背政府据以建立的协议的性质。一个人在订立契约时放弃了一些权利，这是服从一个共同规则所不得不放弃的——就这么多，不能更多。他放弃他的天赋权利，获得公民权利作为报答，这种权利也许不太完全，但是有集体力量作保证，故而更加有效。因此，你如果想了解人在社会里应该有哪些公民权利，就必须弄清人的天赋权利是什么[①]，它们在什么程度上由于调解人们相互冲突的要求而不可避免地被修改。任何干涉超过这种必要的调解就是压迫。公民权利应尽可能与天赋权利一致，或者，如潘恩所说，公民权利就是被交换了的天赋权利。

这种关于国家与个人关系的概念比自由主义据以建立的理论经久得多。它构成曼彻斯特学派全部学说的基础。它的精华，如我们将在下文看到的，被许多功利主义者所吸收。它在整个19世纪起着作用，尽管力量日益减弱；当代自由主义者如法

①　参阅1789年法国国民大会发表的《人权宣言》绪言。国民大会规定“人的天赋的、不可剥夺的和神圣的权利”，以便“立法权力的行为以及行政权力的行为，由于随时能够与每一政治机构的目的相比较，因而能受到更大的尊重。”

盖[1]等人紧紧抓住了这个概念，他们公然取消其纯理论的基础，并把他们的论点建立在社会效用之上。事实上，它的力量不在于其逻辑原则，而在于它为一种符合现代社会某些需要的国家功能观念提供坚实性和一致性。只要那些需要高于一切，这个理论就有存在价值。随着这些需要被满足，其他需要又产生，就需要有一个更充分、更健全的原理。

但是天赋理论另有一个方面我们绝不可忽视。如果在这个理论中，政府是害人精而权力是压迫和停滞的起源，那么，进步和文明的源泉又在哪里？显然是在个人的行为中。个人自由发挥才能的天地越大，全社会进步的速度也越快。这里包含着一个重要真理的因素，但含义又是什么呢？如果个人是自由的，任何两个各自追求不同目的的自由人在一起就会发生冲突。事实上，我们的理论就是把发生这种冲突的可能性看作社会的起源和基础。人们的自由要有效，就必须承认某些相互的限制。但是，在18世纪，尤其是在经济领域内，出现了一种观点，认为意愿的冲突是出于误解和无知，其危害被政府镇压所加剧。实际上，各种利益天然是和谐一致的。只要维持外部秩序，制止暴力，保证人们拥有自己的财产，并努力履行契约，其余一切都会自然而然地进行。每个人都受本身利益的指导，但是利益会带领他沿着最高的生产力路线前进。如果一切人为的障碍都被除去，他会找到最适合他的能力的职业，他从事这项职业效益最高，对社会来说也最宝贵。他必须把他的

① 法盖(1847—1916)：法国文学史家，最著名论著为《19世纪的政治家和道德家》、《和平主义》及《女权主义》。——译者

产品卖给一个愿意购买的人，因此他必须致力于生产他人所需要的东西，因而也就是有社会价值的东西。他会优先生产一些他能够获得最高价格的东西，这些东西乃是在一个特殊时间、特殊地点、按照他的特殊能力，所最最需要的东西。还有，他会找一个愿意付给他最高报酬的雇主，对这位雇主他会做出最大的贡献。一句话，个人利益，如果摆脱了偏见和束缚，将会引导他采取与公共利益一致的行动。从这个意义上说，个人和社会之间有一种天然的和谐。的确，这种和谐要起作用的话，可能需要某种程度的教育和启迪。它所不需要的是政府的“干涉”，这种干涉总是会妨碍它顺利和有效地活动。政府必须不介入冲突，让个人自己去把竞赛进行到底。这样，个人天赋权利学说就增添了一种关于个人需要与社会需要和谐一致的学说，两种学说融合在一起，形成一个关于人类社会的概念，这个概念肯定行得通，它事实上包含着重要的真理因素，而且在一个相当长的时期内能满足一大批人的需要以及全社会不少需要。

但是，这个理论受到批评，暴露出一些具有历史意义和理论意义的根本性弱点。我们先来研究一下天赋权利概念。这些权利是什么，它们以什么为基础？关于第一点，人们力求直言不讳。这里我们最好引用1789年《人权宣言》最重要的几条作为例子。①

第1条。在权利方面，人生来是而且始终是自由平等的。社会差别只能建立在最大多数的最大幸福之上。

① 将1789年国民议会的宣言与1793年大会的宣言作一比较，无论相同还是相异，都是饶有趣味的，但是需要长篇大论。这里我只随便指出一两点。

第 2 条。任何政治结合的目的都在于保护人的天赋和不可侵犯的权利。[1] 这些权利就是自由、财产、安全和反抗压迫。

第 3 条。全部主权主要属于人民……

第 4 条。自由在于有权做任何不损害他人之事;因此,一切人行使天赋权利只受必须保证社会其他成员享有同样权利的限制。此类限制只能由法律规定。

第 6 条。法律是普遍意志的表现。全体公民都有权亲自或委托代表参与制定法律。

这一条的剩余部分强调法律的公正以及全体公民都可担任公职。1793 年的宣言更强调平等,讲究辞藻。第 3 条称:"一切人生来平等,在法律面前人人平等。"

要完全不顾这些条文的精神实质而对它们吹毛求疵,是很容易的。我只请大家注意一两个原则问题。

1. 真正要求的权利究竟是什么?"安全"和"反抗压迫"在原则上是没有区别的,而且可以认为已经被自由的定义包括在内了。实质上其意义是:"保证其人身和财产自由是每个人的权利。"从这种表述方式可以看出这种权利假定一个有秩序社会的存在,并规定社会的义务是保证其成员的自由。因此,个人的权利不是一样独立于社会以外的东西,而是良好的社会秩序所必须承认的许多原则之一。

2. 请注意,平等是被"共同福利"所限制的,自由的领域最终

① 请与 1793 年宣言第 1 条对照:"社会的目的是共同幸福。建立政府是为了保证人享有他的天赋的和不可侵犯的权利。"

将由“法律”规定。在两种情况下,我们都从个人要么退回到全社会的需要,要么退回到全社会的决定。再者,自由有两个定义。1)自由是一种做不损害他人之事的能力。2)这种权利受他人必须享有同样权利的考虑的限制。必须记住,这两个定义是有很大差异的。如果我把一个人击倒在地的权利只受他把我击倒在地的同样权利的限制,那么,当我们动拳头的时候,法律就不应该干涉。如果,另一方面,我没有权利去损害他人,法律就应该干涉。只要稍稍动一下脑筋,就可以看出这个原则比较合理,尊重他人的同样自由并非是自由的恰当定义。我的通宵达旦弹钢琴使邻人睡不着觉的权利并不被邻人让一条狗在弹钢琴时不住吠叫的权利满意地抵消。一个包工头发“饥饿工资”[①]的权利并不被他的雇工如果能够的话也对另一个人依法炮制的权利满意地限制。总而言之,损害他人或占他人便宜的权利并不被他人如果有能力就实施报复的权利所充分限制。我们没有权利损害他人;如果问什么是损害,我们就又回到了那个否定个人按照自己意愿为所欲为的要求的总原则。

3. 人民主权学说基于两个原则。1)主权属于人民。法律是普遍意志的表现。这里“人民”被认为是一个整体,一个单元。2)每个公民都有权利参与制定法律。这就产生了一个有关个人权利的问题。民主代议制的真正立足点是哪一个,是国民生活的统一,还是有关个人的事应同个人磋商这一个人固有的权利?

还有一个非常严重的问题:最终权力属于谁?属于人民的意

① 饥饿工资:资本主义社会中难以维持温饱生活的工资。——译者

志，还是属于个人的权利？如果人民故意制定一些否定个人权利的法律，对此类法律应该以人民主权名义予以服从呢，还是应该以天赋权利名义不服从？这是个真正的问题，不幸在这些方面是无法解决的。

这些困难是导致形成第二种自由主义理论的着眼点，关于自然秩序的和谐可以结合这第二种理论来谈。现在我们就来谈谈这种以“最大快乐原则”著称的理论。

边沁一生大半辈子苦心钻研这项作为社会复兴基础的最大快乐原则，他完全明白我们在天赋权利理论中发现的困难。在他看来，所谓的人的权利是充满了无政府主义的谬误。人的权利不是建立在明确规定的原则上，无法具体说明。“我说我有一种权利。”“我说你没有这种权利”。在两个争论者当中，由谁来裁决，或用什么来裁决？所谓的自然法则是什么？它是什么时候制定的，依靠什么人的权威？我们根据什么理由断言人是自由或平等的？我们按照什么原则，在什么范围内维护或能够维护财产权利？在某些时候，大家一致承认，所有这些权利都得让步。在战时或压倒一切的困难时期，财产权利有什么价值？宣言本身承认必须按照共同利益或法律来规定个人权利的范围。边沁会直率地让一切权利都依靠共同利益，从而使之有可能按照一个总原则来研究一切相冲突的要求。他会用一个共同的标准来衡量它们。一个人有权自由表达他的意见吗？如果按照边沁的方法来回答这个问题，我们必须问，允许自由表达意见是否对社会有益，边沁会说，这是一个可以用一般推理和经验结果来解答的问题。当然，我们必须把好的意见和坏的意见兼收并蓄。如果允许自由表达意见，错误的意见

就会发表出来,会使许多人误入歧途。问题是:传播错误意见所包含的失是否和自由讨论所包含的得相抵消?边沁会按照结果来评价。国家应否维护私有财产权利?如果维护这些权利对全社会有益,就应该维护,如果无益就不应该维护。再者,有些财产权利可能是有益的,其他一些是无益的。社会有权自由进行选择。如果社会发现某些财产只对个人有利,而对共同利益不利,那就有正当理由没收这些财产,同时保护其他根据对共同利益的影响来判断是合理的财产。社会不受个人的"不可侵犯"的权利的限制。社会可随心所欲地对待个人,只要它以集体的利益为出发点。就权利问题而言,边沁主义的原则可被认为是绝对社会主义或甚至极权主义的。它着眼的是(至少作为一种可能性),个人完全服从社会的要求。

但是,边沁主义原则另外还有一个方面,要了解这个方面,我们必须把理论本身的要点作为一种积极的学说加以说明。我们所说起的社会效用究竟是什么?它包含什么?什么是对社会有益,什么是对社会有害?回答是非常简单明白的。一个行为如果倾向于促进尽可能多受该行为影响的人的尽可能大的快乐,就是好的。一个行为如此,一个机构或一项社会制度也无不如此。符合这项原则就是有益的,不符合这项原则就是有害的。符合这个原则就是正确的,不符合这个原则就是错误的。最大的快乐原则就是行为的唯一的和最高的原则。请注意,它给予我们两种考虑。第一是最大的快乐。快乐在积极方面表现为具有愉快,消极方面表现为没有痛苦。大的愉快胜于小的愉快,不含痛苦的愉快胜于包含痛苦的愉快。把痛苦设想为一种负数量的快乐,我们可以说这个原则要求我们永远注重数量和快乐，其他什么都不重要。但是，第二，受影响的个人的数目是最重要的。一种行为可能使一个人快乐，却使两个人痛苦。如果这样，这种行为就是错误的，除非快乐非常大，每个人的痛苦却极小。我们必须考虑到所有受影响的人，使结果平衡。“每个人必须作为一人计算，任何人都不能超过一人计算。”这个说明是原来的公式的一个不可缺少的组成部分。至于他父亲的快乐，他子女的快乐，他自己的快乐，或者一个陌生人的快乐，一个人必须毫无偏见。他必须只考虑获得的快乐或受到的痛苦的数量。

但是，如许多批评者所强调指出的，在这个关于快乐和痛苦的可测定的数量的概念中，有一些不真实的、学究气的东西。我们还将回到这一点上来，但是让我们先来试图了解一下边沁的教导对他本时代的问题以及对自由主义思想随后的发展所产生的影响。为此，我们只来研究他的学说中真实的部分，即使这部分并不总是描述得极其精辟确切。我们要注意的几个特点是：1）对权利的全部考虑都服从于对快乐的考虑；2）数目的重要性；3）作为同一学说的另一方面，强调人与人之间的平等或公正。边沁所考虑的社会效用是许多人所体会的快乐，为了这个缘故，所有这些人都被认为具有同样价值。这是边沁主义学说的激进个人主义，与开头提到的社会主义倾向对立。

在这种个人主义中，平等是主要的。每个人必须作为一人计算，任何人都不能超过一人计算，因为每个人都能感受痛苦和快乐。另一方面，自由不是主要的，它是一种达到目的的手段。人民主权不是主要的，因为一切政府都是一种达到目的的手段。虽然如此，总的来说，边沁学派是自由和民主都赞成的。我们来研究一下他们的态度。

关于人民统治，边沁和詹姆斯·密尔是这样推论的。人，如果听其自然，就是说，如果既不受教育纪律的训练，也不受责任约束，是不会去考虑最大多数人的利益的。他们只考虑自己的利益。一位国王，如果他的权力是不受约束的，就会按照自己的利益来统治。一个阶级，如果其权力是不受约束的，就会按照自己的利益来统治。唯一保证为所有人的幸福着想的方法，是使所有人都享有一份同样的权力。的确，如果发生冲突，多数会占上风，但是这多数中的每一个人会被对自身幸福的考虑所推动，因此多数作为一个整体来说，也被更多人的幸福所推动。个人并没有参与统治的固有权利。在分配快乐的手段时要考虑一个要求，把参与统治工作当作一种实现这个目的的手段。由此可见，如果一个人或一个阶级能够表现得远远比另一个人或另一个阶级聪明和优秀，他或他们的统治比一项人民制度更有助于使更多人获得更多快乐，那么，统治工作就应该交给那个人或那个阶级去做，任何其他人不得干涉。

但是，整个论据包含着一种关于统治问题的不成熟的观点。当然，要撇开其他问题而单独提出一个问题，这个问题涉及700万选民中每一个选民的可测量的利益，这在理论上是做得到的。例如，英国人绝大多数都喝茶，较少人喝酒。要筹集一笔款项的话，是对茶征税呢，还是对酒征税？在这一点上，绝大多数喝茶的人都有一种可测量的利益，每个人性质相同，程度也大致相同；而多数投的票，如果能够单单就这个问题，并单单根据个人利益投票，可能被认为代表许多个人利益的总和。不过,即使在这一点上,请注意,虽然最大多数是考虑到了,最大的快乐都并没有考虑到。因为,要筹集一笔同样数额的款项,由于喝酒的人少,酒税势必比茶税高得多,为了多数喝茶者得到一点点好处,却使少数喝酒者蒙受巨大损失,这算不算公平,边沁主义是不清楚的。事实上,多数人可能专横地行动,为了本身占一点小便宜而硬要少数人吃亏。边沁主义原则绝对没有说这种专横行为是正当的,但是它确实似乎打算以一人的失来掂估另一人的得,这种平衡方法并不符合我们的正义感。我们可以说,如果真有一种合理的社会秩序的话,这种秩序绝不应该把一人的快乐置于另一人的不可避免的痛苦之上,也绝不应该把 4 000 万人的快乐置于一人的痛苦之上。这样做暂时也许得计,但是叫一个人为所有人去死,这无论如何是不公正的。

还可以更进一步。上面提到的征税例子,用于现代国家的政治,是不真实的。政治问题不能这样孤立起来。即使我们可以用公民投票方式就某一项税投票表决,选民应该考虑的问题绝不单单是那项税的收入和归宿,另外还要考虑这项税的全部间接社会影响和经济影响,而就上述例子来说,人们会被他们对于喝茶和喝酒的相对作用的看法所支配,而且支配得对。社会生活没有一部分是独立于其他部分的,正如动物身体没有一部分独立于其他部分。在这个意义上,社会生活被正确地认为是有机的,一切公共政策必须从它们影响全部社会生活的角度来考虑。但是我们一把这个观点应用于政治,边沁主义者叙述民主问题的方式就马上看出是不充分的。每个人的利益最终无疑是同整个社会的利益结合在一起的，但是这种关系是极其微妙和间接的。再有，这样做需要时间，今天干下的坏事，其影响也许只有当干坏事的一代人谢世以后才会显示出来。因此，多数人的直接的和可估计的利益绝对不会同全社会的最终利益相一致；假定多数人必须在个人利益基础上为了全社会的利益而实行统治，实际上就是认为，科学家和政治家要尽最大努力去争取的洞察问题的本领，大多数人是生来就有的。最后，所谓人完全被他们的利益所支配是个多方面的错误。人既不是太聪明，也不是太自私。他们受感情和冲动驱使，会既出于善意又出于恶意地热烈支持一项他们作为个人一无所获的公共政策。要了解民主政体的真正价值，我们必须更深入地研究个人与社会的关系。

最后来谈谈自由问题。根据边沁主义的原则，个人这种不可剥夺的权利是完全肯定的。我们已经看到，边沁主义的原则中甚至有彻底的社会主义或专制家长主义的可能。但是这有两大原因。第一个原因是当时的环境。边沁本来是个性格有点保守的人，晚年由于统治阶级漠视或敌视他的改革方案，才被逼进了激进主义。在他看来，政府是属于与一种敌视公共福利的既得利益紧密结合的性质，他的著作是充满对权力的怀疑的。当时历史中有不少重要事情可证明他的态度是正确的。在那时候，很难相信一个普通的官员会把公共福利置于个人利益或团体利益之上，改革家们自然指望把个人主动精神作为进步的根源。第二（这是一个更富哲理的论点），个人被认为是最了解本身利益的，由于公共利益是个人利益的总和，因此，只要每个人都能够自由地追求本身的利益，最大多数人的利益就会被普遍的选择自由最有效地实现。

使个人利益与公共利益相一致存在着困难，这是不容否认的。但是詹姆斯·密尔等人特别致力于研究这个问题，认为这些困难可以用道德教育来克服。一个人从小就受到把他人利益同本身利益结合起来的教育，长大就会像关心自己的幸福一样地关心他人的幸福。因为，归根到底，公共利益是和个人利益一致的。尤其是在自由经济制度下，每个人沿着最大个人利益的道路前进，就会完成对社会有最大利益的任务。懂得这一点，我们就应当有以个人利益自动起作用为基础的真正社会和谐，这种个人利益被知识开导，并被难驾驭的本能的纪律所遏制。

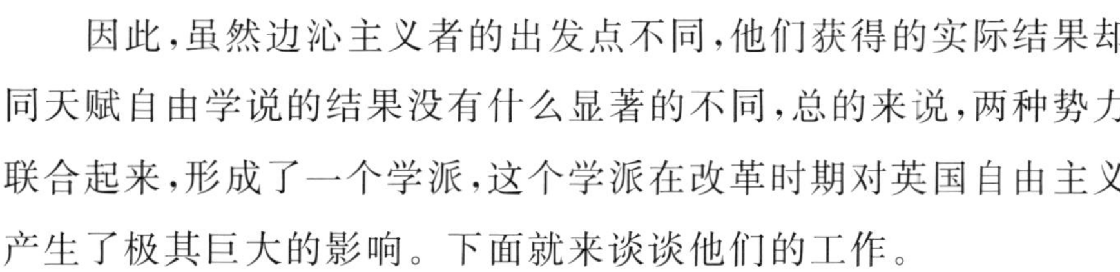

因此，虽然边沁主义者的出发点不同，他们获得的实际结果却同天赋自由学说的结果没有什么显著的不同，总的来说，两种势力联合起来，形成了一个学派，这个学派在改革时期对英国自由主义产生了极其巨大的影响。下面就来谈谈他们的工作。

第四章　自由放任主义

科布登学派在总的观点上既属于天赋权利学说又属于边沁学说。它和边沁主义者同样具有英国人钟爱的那种彻底的实干态度。它关于天赋权利说法远远不及法国理论家们来得多。另一方面，它满怀信心地认为个人行为不受束缚是一切进步的主要动力。[①] 它的出发点是经济方面的。贸易依然受到重重束缚。最恶劣的老的内部限制确实已经取消了。但是即使在这一点上，科布登也力求把曼彻斯特从领主权利中最终解放出来，这种权利在19世纪是没有地位的。然而，主要的工作是解放对外贸易。谷物法的着眼点是统治阶级的利益，这一点就连我们当代的关税改革者也不否认。统治阶级为了地主的利益悍然对人民大众的食物征税，而随着1760年以来发生的农业革命和工业革命，人民大众在经济上已处于一蹶不振的地位。科布登主义者认为，只要给每个人从最低廉的市场上买进和在最昂贵的市场上卖出的权利，贸易就自然而然会蓬勃发展。商业应向有才能者开放。优秀的工人应

---

① “如果有人要我用一句话来概括两个学派之间的异同，我会这样说，曼彻斯特学派是亚当·斯密的信徒，而哲学激进派则是边沁和亚当·斯密的信徒。”（F. W. 赫斯特，《曼彻斯特学派》，绪言第11页。）莫利勋爵在其《科布登传》最后一章中指出，科布登学派与边沁学派的不同在于与社会的经济活动有关的“总政策”观点。

要求从他的工作获得充分的金钱酬报，并且应能用这笔钱从世界市场以最低的价格买到食物和衣服。只有这样，工人的工作才能获得充分价值。为了维持政府的运转，税是非收不可的，但是我们如果研究一下政府的开支，就会发现它主要用于军队。我们要军队干什么？首先是因为保护关税制所引起和维持的各国间的对立。各国间的自由贸易往来会产生相互了解，并以无数工商利益的纽带使本来隔离的各国人民团结起来。自由贸易意味着和平，其他国家一旦受到英国繁荣富强范例的教导，就会群起仿效，自由贸易将成为全球性的。国家危机的另外一个根源是干涉。我们挑起使其他国家走上正途的担子。我们怎么可以为其他国家判断呢？武力不是办法。应该让每个国家自己去拯救自己。我们自己处境不妙，应该放手让其他国家把自己的事情处理妥当。要使个人自由臻于完美，必须有国家自由，另外还得有殖民地自由。殖民地不能再按照母国的利益来统治，也不应当有一支由母国维持的常驻军队。殖民地都在遥远的地方，只要我们给它们自由，每个殖民地都有它自己远大的未来，能够自卫，并逐渐自由发展成为真正的国家。个人自由、殖民地自由、国际自由是一个整体的三个部分。不干涉、和平、军备限制、紧缩经费、减税，这些都是与之相关的实际结果。从浪费的军事支出节省下来的钱不必全部还给纳税者。一部分钱可用于教育——免费、非宗教和普及的教育——这样获得的好处就和把钱用在枪炮和兵舰上产生的害处一样多。因为教育对于提高智力水准是必不可少的，教育能提供至关重要的机会均等，没有机会均等，人民大众就无法利用由于撤销立法限制而获得的自由。这里包含着一个更建设性观点的因素，对此科布登和他的朋友们并不总是获得充分的赞扬。

但是，曼彻斯特学派的理论，无论在内部事务上还是外部事务上，主要都倾向于对政府的功能抱一种有限的观点。政府必须维持和平，制止人们实行暴力和欺骗，保护他们的人身财产不受内外敌人侵犯。人民受损害应给予赔偿，以使人民从播种得到收获，能享受他们的劳动成果，能够为了相互的利益而自由自在地作出各种约定。我们来看看科布登的同时代人以及事实本身是如何对这种观点进行批评的。在整个 18 世纪，旧的经济体制已经衰退。当反谷物法联盟形成时，工人已彻底同土地分离。绝大多数英国农民是没有土地的工人，每周挣 10 或 12 先令的工资，往往比这个数目还要少得多。1760 年以来机器工业的兴起破坏了老的家庭制度，使城镇工人沦为雇主手下的一名职工，雇主由于英国在拿破仑战争后两个世代内享有生产垄断权而大发其财。工厂早就一贯在恶劣条件下使用女工和童工，人民群众知道后极为愤怒，从而使问题趋于白热化。就童工而言，就连科布登本人也强调说，自由契约的原则早就被认为是不适用的。为了论证起见，姑且承认成年人能够最好地为自己讲条件，但没有人能说被贫民救济委员送往工厂当学徒的穷苦孩子能对规定他做的工作有发言权或作出判断。儿童必须受到保护，经验表明他们必须受到法律的保护。自由契约并不解决无助的儿童的问题。它听任儿童被雇主为了自身利益加以“剥削”，个人对儿童的健康和幸福的任何关怀只是一个个人行善的问题，而并非是自由制度必要运行所争取到的权利。

但是这种论证还可以大加引申。如果儿童是无助的，那么，成年男女的处境是否就好得多呢？我们假定，一个雇用了 500 个工

人的工厂老板同一个没有其他谋生手段的工人在讲条件。如果条件没讲成功，老板失去了一个工人，还有499个工人为他的工厂干活。在另一个工人来到之前，他最多不过有一两天在一台机器上遇到一点麻烦。而在同一些日子里，那位失业的工人却可能没有饭吃，只好眼睁睁地看他的孩子挨饿。在这种情况下，还谈得到什么有效的自由呢？工人们很快就发现自己根本没有自由，所以从机器工业崛起一开始就力求组织工会来补救。老板当然是不喜欢工会的，信仰自由的人由于工会对个人施加限制也对它深表怀疑。但是工会通过1824年普莱斯和激进分子的行动获得了初步解放，这更多地也许是因为这些人把工会当作工人对一些被真正的竞争自由视为多余的压制性法律的回答，而不是因为他们把任何永久性的社会进步的希望寄托于工会主义本身。事实上，这种批判态度不是没有道理的。工会在精神上可以是保护性的，行动上却可以是压迫性的。尽管如此，工会对工匠阶级保持工艺标准却是必不可少的，因为在缺乏严厉立法保护的情况下，只有工会能够做些事情来纠正雇主与雇工之间的不平等。总的来说，工会给予工人的自由远比它夺去的自由来得多，在这一点上，我们学会了一个具有远为广泛的用途的重要教训。就契约而言，真正的自由要求缔约双方之间大体上平等。如果一方处于优越地位，他就能够强制规定条件。如果另一方处于软弱地位，他就只好接受不利的条件。这就产生了华尔克的一句至理名言，即经济上的损害倾向于使损害本身永存。一个阶级的地位越是被压得低，它在没有援助的情况下再度崛起的困难也越大。在立法方面，国家接受这个观点特别缓慢。就童工而言，直到情况十分严重时，国家才出面干涉。它把“少年”及妇女包括在内——此举受到那些拥护女权的人的批评，把这种保护的扩大视为男性统治的扩大。尽管如此，舆论却相信国家是以一种不寻常的方式出面干涉，以保护一个不够强大得为自己讨价还价的阶级。开头只以成年男子为限；只有到我们今天，作为工会内部进行多年争论的结果，立法才开始担负起控制工厂条件和工作时间的任务，最后并通过在“血汗工业”[①]设立工资委员会控制工人的实际报酬，年龄和性别不加限制。之所以能做到这点，是因为经验明白地告诉人们：自由而无平等，名义上好听，结果却悲惨可怜。

代替科布登学派提倡的个人与个人之间自由协议制度，真正发展起来并正在继续发展的工业制度，是以国家规定的条件为基础，并在那些条件的范围内极大程度地受雇主和雇员的联合组织之间的集体协议支配。法律规定工人的安全以及工作的卫生条件。法律规定妇女和儿童在工厂和工场的工作时间以及男子在矿山和铁路的工作时间。[②] 将来，法律也许会直接规定男子的工作时间。法律使工资委员会能够为其数目无疑将增加的列入计划的工业规定最低工资。法律规定雇主必须对工人在工作时间内受到的一切伤害负责，禁止任何人正式保证不受该项义务的约束。在这些范围内，法律允许契约自由。但是，在比较高度发达的行业内，这项工作是由自愿协议承担的。工人的联合同雇主的联合对抗，工资、工时以及劳资协议的每一细节都经由联合委员会以集体

① 血汗工业：指残酷剥削工人的工业。——译者

② 由于成年男子与女工和童工间的相互依赖关系，法律在一个很长时期内始终间接地限制男子在工厂的工作时间。

协议解决，逢到有关全地区甚至全行业的问题，则由联合委员会一位公正的主席或仲裁来解决。我们同各个孤立的个人的自由竞争已十分遥远。

这种发展情况往往被认为是意味着老的自由主义的衰亡。在开始时，工厂立法确实受到保守党的大力支持。工厂法在那个时期与家长式统治的最佳传统一致，被一帮以谢夫茨布莱勋爵为典型的人的宗教信念所接受。但是它确实也受到科布登和布赖特的猛烈反对。另一方面，像卡姆·霍布豪斯那样的激进分子，在早期的立法中起了领导作用，辉格党政府通过了1833年和1847年两项极其重要的法令。事实上，意见的分歧超越一般的党派倾轧。更中肯的是，随着经验的成熟，新的立法的含义变得更清楚，人们开始懂得，通过工业控制，他们并不是在破坏自由，相反是使自由更加坚固。一种新的、更具体的自由观念诞生了，许多老的不实之词都被推翻。

我们来研究一下这些不实之词。我们已经知道，自由放任理论认为国家应不介入冲突。这就是说，国家必须制止暴力和欺骗，保障财产安全，并帮助人们履行契约。自由放任理论认为，根据这些条件，人应该绝对自由地互相竞争，以便他们最好的能力得以发挥，每个人得以感到必须为指引自己的生活负责，并最大限度地发挥他的丈夫气概。但是，可能有人会问，为什么要根据这些条件，唯独这些条件而不是其他条件？国家为什么必须保障人的生命财产？当时的情况是，强者用武力占有他的财产，如果他能占有邻人的财产的话，他同样也要占有。国家为什么要出来为一个人做他的老祖宗为自己做的事？一个在肉体搏斗中惨败的人为什么要向一个公家机关乞求帮助？自己来搏斗岂不男子汉大丈夫得多？为了保障人们的人身和财产安全，不让他们自己出力气，却让一个国家机构在他们头顶上活动，这岂不是存心把他们弄穷吗？真正的个人主义难道不应该把这个机构彻底打倒吗？“但是，”拥护自由放任主义的人可能会回答，“使用暴力是犯罪的，国家必须制止犯罪行为。”19 世纪的人们就是抱这种看法。但是在早些时候他们并不抱这种看法，而是让个人及其亲属靠自己力量为自己受到的伤害报仇雪恨。这个时期岂不是更不受限制的个人自由时期吗？但是，19 世纪的人们却正确地把它看做是野蛮时期。我们可以反过来问，罪行的本质是什么？可不可以说，任何一种故意伤害他人的行为都应由一个公家机关依法予以惩处，强迫一个孩子每天干 12 小时活可不可以说是一种比偷钱包更严重的伤害行为（一个世纪前，一个人偷了钱包是要被绞死的）？那么，界线究竟按什么原则来划分，以详细说明哪些伤害行为应由国家禁止，哪些伤害应听其自然？可以说，Volenti non fit injuria.[①]一种交易，只要是一个人自愿参与的，就不算对他不公正。也许是这样，尽管也有值得怀疑的例子。但是现在问题是，一方并非自愿。交易是强迫交易。弱者表示同意的方式，就好比一个失足掉进深渊的人同意把他的全部财产送给那个不肯按照其他条件扔一根绳子给他的人。这不是真正的同意。真正的同意是自由的同意，充分的同意自由意味着缔约双方的平等。正如政府通过禁止身体较强壮的人杀害、殴打、掠夺邻人从而为所有人争得初步自由一样，它也通过为了防止

① 拉丁语：对自愿者不构成侵害。——译者

一个人利用其有利条件损害他人而实施的每一种限制使所有人获得了更大的自由。

非社会的自由和社会的自由有一个不同。非社会的自由是一个人只顾自己愿望或利益而行使其权力的权利。从理论上说，这样的自由是个人可能实现的。它是与一切公共控制对立的。从理论上说，这样的自由是生活在相互交往条件下的众人不可能实现的。从社会意义讲，它是个矛盾，除非一切人的愿望都自动向社会目的看齐。因此，任何时代的社会自由都以限制为基础。它是一种全体社会成员都能享有的自由，也是一种从那些不伤害他人的活动中进行选择的自由。随着行为的社会效果的经验趋于成熟，由于社会良知被唤醒，伤害的概念扩大了，对伤害原因的看法也加深了，因此限制的范围也扩大了。但是，由于施加的伤害使受害者变成了残废，损害他的健康，影响他的生活，束缚他的力量，因此防止这种伤害就能使他获得自由。限制侵犯者就是给受害者自由，只有对人们相互伤害的行为施加限制，他们作为一个整体才能在一切不会造成社会不和谐的行为中获得自由。

因此，嘲笑当代自由主义反对给工人经济保护而赞成为工人制定保护性立法是自相矛盾，这实在是目光短浅。两者除了都是旨在为某些人的利益服务的限制以外，毫无共同之处。在自由主义者眼里，经济保护是一种有利于某些行业和利益而不利于其他行业和利益的限制，总的来说，是有利于那些已经处于得天独厚地位的人而不利于贫苦阶级。保护性立法则是一种主要为贫苦阶级利益着想的限制，目的在于使他们在工业关系中获得更有效的自由和更接近平等的条件。只有那些认为自由对立于限制的人，才认为这种嘲笑有道理。对于那些懂得全部社会自由都立足于限制,懂得在一个方面对一个人施加限制是其他人在该方面获得自由的条件的人来说,这种嘲笑是毫无意义的。以牺牲他人为代价获得的自由不是好的自由,所有生活在一起的人都能享有的自由才是好的自由,这种自由取决于法律、习俗或他们的感情使他们防止互相伤害的圆满性,并用这种圆满性来衡量。

自由主义,如通常所了解的,不仅把警察和法院视为理所当然,而且也认为财产权利是理所当然。但是,财产权利指的是什么?按照一般用法,这个词指的是那种由于长期实行已使我们习以为常的制度。在这种制度下,人可以在法律范围内自由地运用任何生产或交换方法尽他所能获得土地、消费品或资本,他可以随自己意愿将它们处置、销毁、赠送或出售,死后并可任意将它们遗赠给任何一个人。国家可以通过征税取得个人财产的一部分。因为国家是必不可少的,人必须为安全付出一笔代价;但是,按照这种观点,就一切税收而言,国家是从个人那里拿走一点属于"他的"东西,国家这样做只有出于迫切需要才是正当合理的。国家没有"权利"为了达到自己的、并不为公共秩序急需的目的而夺取个人的任何一样东西。这样做是侵犯个人权利,是用暴力强迫一个人去对一些他表示冷淡甚至不喜欢的事情作出贡献。"社会主义"税收是侵犯个人自由,亦即保持并任意处理自己财产的自由。通常的看法似乎就是如此。

但是,一种坚定不移的自由理论不能完全满足于财产赖以保持的实际制度。科布登的信徒们已经强调的第一个攻击点,是自由交换土地的障碍。无地的人要获得土地,过去不容易,现在仍然不容易，科布登及其信徒们以自由契约的名义竭力主张廉价和不受妨碍的转让。但是可以提出一个更严厉的批评。土地的数量是有限的，某些土地更加有限。只要供应有限，垄断就总是有可能，自由竞争原则就是要向垄断开战。在科布登本人看来，土地自由买卖是商品自由买卖的补充。但是对土地垄断的攻击可以走得更远，可能使热衷于原则的个人主义者同社会主义敌人在并行线上走相当一段距离。事实上，亨利·乔治学派的情况就是如此。这个学派主张竞争，但是只能在一切人真正自由和平等的基础上进行竞争。要获得这个基础，必须把社会制度中的垄断因素全部肃清，其中土地私有制是最重要的。它认为，这个目标只有通过国家吸收垄断价值的一切因素才能实现。只要一样供应有限的对人们有价值的东西落入私人之手，垄断价值就会自然增长。在这种情况下，竞争就失败了。除非需求受到限制，物主是不受约束的。物主可以索取一个与他自己付出的劳力毫不相干的价格。除正常的工资和利润外，他可以从他人的需要中榨取一种剩余，这有一个名称叫经济收益。物主还可以保持他的财产，不让别人使用，直到这样财产充分增值，从而提高他最后获得的利益，使社会蒙受重大损失。

在我国，垄断有三类。第一类是土地垄断。例如，城市房租不仅代表建筑成本，也不仅代表建筑成本加地皮（如果需求的那种地皮的数量不受限制），它在供不应求情况下还代表地皮的价格，就是说，那里存在着一种垄断因素。地皮价值——一幢取决于其位置的房屋或工厂的实际价格——直接因这种垄断的程度而异。主张土地国有化的人认为这种价值不是地主创造的，它是社会创造的。它一部分应归功于国家因人口增加和城市生活兴起而获得的总的发展，一部分应归功于该地区的发展，也有一部分应归功于把纳税人的钱直接用于卫生和其他改善设施使得人们能在该地区居住、工业能在该地区兴旺发达。社会直接地和间接地创造了地皮价值。地主获得了这种价值，并在获得的同时，能够向任何一个愿意付高额租金以求在这块地上居住和兴办工业的人开价。主张土地国有化的人纯粹从个人观点看待财产权利，他们认为这种局面不公正，认为唯一的解决办法是把垄断价值归还给创造这种价值的社会。因此，他们赞成对地皮价值征收最高数额的税。第二类垄断产生于不适用竞争的工业——例如煤气和水的供应、电车服务以及在某些情况下的铁路服务。在这些方面，竞争即使不是绝对不可能，也是浪费的；另外，按照严格个人主义的路线，如果这些工业被允许落入私人手中，老板就能够榨取比竞争性工业的正常利润更高的收入。他们将会依靠牺牲消费者的利益从垄断获得好处，纠正办法是公共管制或公有制。公有制是更完全、更有效的办法，也是城市社会主义的办法。第三类垄断是国家创造的垄断，例如出售被执照制度限制的酒类。按照竞争观念，用这种方法创造的价值不应落入私人手中，如果垄断是按照社会立场维持的，对有执照场所征收的税就应当这样安排，使垄断价值回归社会。

一直到这一点为止，贯彻始终的个人主义能与社会主义协调一致地工作，事实上，也就是这种局部的同盟为后来的自由党财政确定了方针路线。1909 年的大预算案背后有社会主义和个人主义意见联合力量的支持。可以补充说，另外还有第 4 种会受到同样的双重攻击的垄断，但是在英国比在美国听到得少。这种垄断在容许竞争者达成协议的竞争制度下有可能实现。强的一方可能迫使弱的一方就范，或者若干力量相等的人可能同意一起干。这样竞争可能落空，工业可能逐个变成托拉斯或其他联合，私人利益与公共利益对立。卡尔·马克思预言这些联合是瓦解竞争制度的特定方法，它们在英国一直是被自由贸易抑制的。在保护贸易政策下，它们构成了当代最紧迫的问题。举例说，甚至在英国，铁路也正在迅速向联合制发展，其经济情况是一目了然的，其直接结果是垄断，其肯定结局则是国有化。

因此，个人主义在解决现实问题时，与社会主义相差无几。我们再一次发现，要维持个人自由和平等，就必须扩大社会控制的范围。但是，要贯彻自由主义的真正原则，实现社会自由和权利平等，就必须作更深入的探讨。我们绝不可把任何财产权利看作不言自明。我们必须看它们的实际作用，并研究它们如何影响社会生活。我们必须问：如果我们能够废除对有限供应品的一切垄断，是否还应该处理造成社会不公和工业失调的一切原因，是否还应该把从事血汗劳动的工人拯救出来，使每一个人从事一天诚实劳动能获得合理的酬报，并防止一人利用经济上的优势靠牺牲另一人的利益来捞取好处。我们必须问：社会权利与个人权利之间是否已经具备公正划分的基础，从而充分了解国家的恰当目的以及税收的合理基础。这些问题使我们接近基本原理，要从事那一部分讨论，最好进一步简要叙述自由主义在思想和行为方面的历史性发展。

第五章　格莱斯顿[1]和密尔[2]

从19世纪中期起，英国自由主义史上闪耀着两个伟大的名字：行为界的格莱斯顿和思想界的密尔。他们两人有很大不同，但有一点相同。他们都具有使他们的头脑对新的思想观念保持清醒和开放这一莫大优点，而随着年龄的增长，两人最后都进一步对社会生活有更深刻的理解。1846年，格莱斯顿当时还是保守党员，但是他在自由贸易问题上接受庇尔[3]的领导，摆脱了老的传统，在此后许多年内，他最显著的政绩是完成了科布登的财政解放政策。在实行这一项政策的过程中，他同上院发生冲突，1859—1860年，由于他的积极斡旋，才使下院免于屈辱的投降，并使下院的经济优势一直保持到1909年为止。在1860年以后的10年中，他力主扩大选举权，1884年是他的政府把代议制原则扩大到27年后所处的程度。在经济领域里，格莱斯顿总的来说，一直恪守他从中年开始所信奉的科布登原则。对于80年代末出现的"新联合主义"以

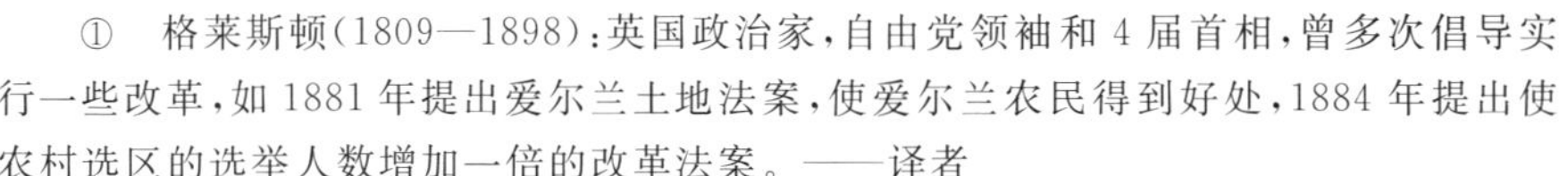

① 格莱斯顿（1809—1898）：英国政治家，自由党领袖和4届首相，曾多次倡导实行一些改革，如1881年提出爱尔兰土地法案，使爱尔兰农民得到好处，1884年提出使农村选区的选举人数增加一倍的改革法案。——译者

② 约翰·斯图尔特·密尔（1806—1873）：一译穆勒，英国哲学家、经济学家和逻辑学家，詹姆斯·密尔之子，实证论者和功利主义者。——译者

③ 庇尔（1788—1850）：英国首相，保守党领袖。——译者

及半社会主义的思想观念，他并没有好感，事实上，两者对他正在进行的政治工作形成了一股强有力的逆流。然而，在爱尔兰土地法案上，他开始了一项新的政策，在一个双方条件相差悬殊的典型事件中抛弃了契约自由。他不是一个抽象的思想家，对具体的正义富有热情，这就足以使他勇往直前。他疾恶如仇，从多方面对暴政发动无情的战争。

但是，他最有创见的工作是在帝国关系领域内完成的。被恶意诬蔑的马朱巴协议[①]是一个正义行为，但为时过晚，未能永久性地消除祸害。最了不起的是政治家的勇气，他在那个时候能够完全依靠民族自由和国际公平交易的固有力量。在爱尔兰事件中，格莱斯顿又一次依靠同一些原则，但是需要有另一种力量来取得成功，这种力量是任何人都指挥不了的，亦即时间的力量。在国际事务中，格莱斯顿是个开路先锋。他的原则和科布登不尽相同。他不是一个不干涉主义者。他代表希腊采取了行动，也差点代表亚美尼亚人采取行动，他这样做是为了维护国家荣誉，并防止一个可怕的错误。格莱斯顿的原则可以说是与马基雅维里、俾斯麦以及每一个外交部的实践相对立的。外交部的办事原则是：国家的理由证明一切事情都是正当的，格莱斯顿的办事原则是：除了已经被人类良知证明是正当的事情以外，任何事情都不能被国家的理由证明是正当的。在他看来，政治家不仅要维护他的国家的物质利益，而且还要维护国家的荣誉。政治家是世界的公民，因为他代

① 马朱巴协议：1881 年 2 月 27 日，英军在南非马朱巴与布尔人交战，大败，遂即签署马朱巴协议，德兰士瓦接受英国统治，英国则承认德兰士瓦独立。——译者

表他的国家，而国家是世界大家庭的成员之一。他必须承认权利和义务，正如任何其他人类组织的代表必须承认权利和义务一样。从未划定过一条线，越过这条线，人类的责任就告终止。从未有过一个鸿沟，跨过这个鸿沟，人类受苦受难的呼声就听不见，屠杀和酷刑就不再可恶。还有，人应该像爱国者一样承认：一个国家要变得伟大，不仅可以通过把地图绘成红色，或者把其贸易扩大到前所未有的地步，而且也可以通过作为正义的先锋、被压迫者的救星、自由的老根据地，使国家变得伟大。从谴责鸦片战争，揭露那不勒斯监狱黑幕，直到在君士坦丁堡大屠杀次日最后一次露面，这就是格莱斯顿力求传达的信息。他走在时间前面。他并不总是能在他自己的内阁里维持他的原则，他一隐退，世界似乎又回到了老路上。他自己的党在很大程度上向对立观点屈膝投降了。另一方面，细心而不抱偏见的批评家会承认他老年时的主要对手索尔兹伯里勋爵吸收了他思想的某些精华，在其影响下尽力使国家免于帝国主义的极端行为，而他的信徒亨利·坎贝尔·班纳曼爵士则利用其短期执政的权力改变了在南非的种族统治政策，并证明了格莱斯顿对政治自由复原力量的信任的价值。还可以补充说，如果从那时以来，犬儒主义一直在国际政治中守住阵地，这与其说是野心的犬儒主义，不如说是恐怖的犬儒主义。在我们的对外关系中，恐惧已代替想象作为动力；迹象表明，目前恐惧已用尽了力量，终于正在让位给理智。

在其他方面，格莱斯顿与其说是一种知识力量，不如说是一种道德力量。他提高了整个公共生活的水平。通过习惯性地动员人们最优秀的品质，他加强了公共责任感，半无意识地为更充分运用社会良知铺平了道路。密尔也是一种道德力量,他的著作的最持久的影响更多地是一种性格的结果而不是智力的结果。但是,代替格莱斯顿的活力和实干能力,密尔具有一个终身学习者的品质,他独自一人将新老自由主义之间的空隙连接起来。他虽然是喝边沁主义乳汁长大的,但是从未真正放弃他父亲的基本原理①。他坚持不懈地使这些原理同新的经验和新的思想结合起来,研究它们如何发挥作用,为了保持它们内容中真正健康和宝贵的东西应如何把它们加以修正。正因为如此,密尔是世界上最容易被判定为不一致、不完整、缺乏全面系统的人。也正因为如此,许多一致的、完整的、全面的系统都销声匿迹了,他的著作却长存不朽。

作为一个功利主义者,密尔不能求助于任何可使之与公共利益对立的个人权利。他的方法是说明公众的永久利益是同个人权利结合在一起的。当然,在某些情况下,公众的当前利益会通过忽视个人权利来实现。但如果一切都照当前利益来办,那就既不会有权利,也不会有法律。社会生活中将没有固定规则,也没有任何人们可赖以指引其行为的东西。因此,对一个功利主义者来说,权利问题转化为这样一个问题,即哪一种作为原则问题提出的要求值得社会承认?什么是社会兴旺发达的永久性条件?关于自由,密尔的回答对准决定社会生命的道德力量或精神力量。第一,尤其是关于思想和言论自由,社会需要光明。真理具有一种社会价值,我们绝不可以自以为已经拥有完全的和决定性的真理。但是

① 其父名詹姆士·密尔(1773—1836):一译穆勒,英国哲学家、历史学家和经济学家,功利主义代表人物。——译者

真理只能根据经验在思想界和行为界予以追求。在实验过程中，有无穷犯错误的可能，因此自由追求真理必然产生摩擦和浪费。传播错误是有害的，如果纠正错误，这种害处就可避免。但是只能用合理说服的方法来纠正错误，任何其他方法都是通过杀死病人来治病。它麻痹追求真理的自由。不仅如此，诚实的错误还含有一种积极的价值，使它高于勉强接受的真理。就错误是诚实的而言，它产生于心灵在局部的、不完全的经验基础上的自发活动。它是经验的解释，尽管是一种错误的解释，而权威强加于人的信条却根本不是经验的解释。它不包含个人的努力。它的盲目接受说明意志退避三舍，智力黯然失色，变得迟钝。

这番道理并不以人容易犯错误为依据。它以全部力量向那些确信自己拥有决定性的、完全的真理的人呼吁，要求他们认识到，要把这种真理传播给他人，不能借助物质手段，而只能依靠精神手段，如果他们把肉体威胁作为一种威慑力量，或者把名利作为一种劝诱手段，那么，他们不仅毁坏了真理的成果，而且还毁坏了产生于人们内心的真理的根源。但是，当我们考虑到人类信念的实际历史，这个论据就有了更多的力量。一个懂得思想发展过程的正直的人会承认：甚至对他最重要的信条也是一样在许多世代里发展起来的东西，如果他通情达理，他会推断说，由于这样东西是过去所产生的，因此，如果它里面含有富有生命力的种子，将来就会生根开花。它的外形可能是永久不变的，但是内容却会改变。但是，如果真理本身是一个不断扩大的观念圈子，通过批评并借助修正而获得发展，那么，在任何特定时间构成社会主要观念的对真理的理解，当然就是粗糙和不完善的。集体意志的机关是法律也好，是舆论的压制力量也好，如果限制人们进一步探索，这里面所包含的危险是不言而喻的。

因此，自由在这方面的基础是把思想看作一种依靠精神上的法则而生长的东西，随着各种受经验、思考和感觉引导的观念的运转而欣欣向荣，受到物质考虑的干扰就败坏，一旦被认为是终极性的就死亡。同一个概念扩大到把整个个性观念也包括在内。社会利益不能与个人利益相矛盾。但是个人利益必须以理性的人的负责任生活为基础。男性，密尔还会着重加上女性，是以官能的自动发展为基础的。为感觉、感情、思想、行为等智能找出路，就是寻找自我。其结果并不是混乱。这样找到的自我具有作为其生命中枢的控制力。在生活中输入一些团结，在思想、行为和感情中输入一些和谐，是自我的主要成就，实现自我同他人的关系，从而指引自己的生活，是它的最崇高原则。但是控制的要素是它必须是自我控制。为了实现外部秩序，强迫也许是必要的，但是强迫对于个人作为人的真正存在的内部生命毫无作用，甚至有失去权威和侵犯责任范围的危险。强迫是手段而不是目的，这种手段很容易变成对极其重要的目的的威胁。在自我的指引下，每个人会有很大不同，他们的怪异有些是无用的，有些是浪费的，有些甚至是恼人的，不堪入目。但是，总的来说，人彼此不同是件好事。个性是安乐的一个重要因素，这不仅因为个性是自制的必然结果，而且也是因为在考虑到一切浪费以后，共同生活由于包含着多种多样的类型，变得更加完全和充实，这就有助于扩大集体经验的范围。压制妇女造成的更大弊害并非是构成社会半数的妇女本身的损失，而是整个社会的贫困，是妇女自由发挥智慧能够促进的共同福利的损失。

密尔对代议政体的论述也以同样一些原则为基础。如果男性或女性公民有选举权,这种选举权与其说是公民坚持其对社会的要求的手段,不如说是公民对社会的行为履行自己责任的手段。个性问题是统治问题的决定性因素。如果幸福可以用匙子喂给每一个人,那么,恩赐的专制主义就是理想的制度了。如果人们必须为自己的拯救出一份力,就必须号召他们参与指引共同生活的工作。密尔把这个原则作进一步的发挥,一般人反对在选民的无知和不负责任的基础上扩大选举权,而他则弄钝了这种反对意见的锋芒。人要学会一件事,就必须实践。如果要他们有责任感,就必须让他们负起更多责任。这个过程中有些危险,但如果把大部分人排斥在公民权利和义务的圈子外面,危险就更大,希望就更少。密尔认为民主政治最大的危险是多数人实行暴政。他恐怕比他以前的任何一个自由主义导师都更强调多数人的意愿与社会的福利之间的差异。他认识到,自由主义者惯常主张的各种权利在实践中可能是彼此难以调和的,他也认识到,如果个人自由是根本性的,它可能受一种给多数人无限压制权力的所谓政治自由的威胁。因此,密尔在许多年内一直苦心钻研如何使少数人享有公正的发言权和代表权,而作为比例代表制运动的先驱,他又力求使议会不仅仅代表一部分人(无论这部分人在数目上占多大优势),而是要代表全体人民。

在社会生活的经济方面,密尔原则上承认,在双方条件不相等情况下订立的契约必须予以控制,但是他对个人责任的强调使他在把这个原则扩大到成人时小心谨慎,而他对妇女解放运动的特殊感情则促使他抵制一种事实上正在使女工获得初步解放的思潮。他从事业一开始就认为提高享受水平是改善工人地位的最好方法,在提高过程中把限制家庭人口作为主要条件。然而,随着年龄的增长,他越来越对这种使人民大众处于靠工资为生的地位,而少数人则靠租金、利润以及投资利息过活的整个制度结构表示不满。他开始盼望社会的一种合作性组织,在这种组织中,一个人学会"为他的国家种地和织布",而剩余的工业产品则分配给生产者。在中年时,他觉得自愿合作是达到这个目的的最好手段,但是到晚年时,他认识到,他改变观点总的来说使他加入了社会主义者的行列,他在自传中关于社会主义理想的简短陈述恐怕始终是我们所拥有的关于自由社会主义的最佳总结性说明。

第六章　自由主义的核心

密尔的教导使我们接近了自由主义的核心。我们从密尔那里学会，第一，自由不单纯是法律公式或法律限制。可能会有习惯的暴虐，见解的暴虐，甚至环境的暴虐，就像任何政府的暴虐一样地真实，而且更加险恶。自由也不以个人的自作主张为基础。个人行为中有自由主义和非自由主义的广阔天地。自由也并不与纪律、组织、对正确和公正的坚强信念对立。自由也不能等同于容忍相反的意见。自由主义者并不对他认为错误的意见一笑置之，仿佛它们无关紧要似的。自由主义者公正地对待错误意见，要求认真地听取，仿佛它们和他自己的意见一样重要。他随时准备使他自己的信念接受考验，不是因为他对它们表示怀疑，而是因为他对它们深信不疑。因为，他认为正确的也好，认为错误的也好，他相信它们都适用于一个最后的考验。让错误自由表达会有两种结果。要么在错误的发展过程中随着它的含义和结果变得清楚，它里面会出现某些正确的成分。这些正确的成分会自动分离出来，丰富人类思想的宝库，给他本人错误地当作终极的真理增添内容，并解释错误的根源；因为一般地说，错误本身是一种误解了的真理，只有当它被解释清楚以后，才最终被令人满意地驳倒。要么相反，任何正确的成分也没有。在那种情况下，对错误认识得越充

分，越是耐心地研究其错综复杂的含义和影响，错误就越是能彻底地驳倒自己。癌肿是不能用刀子根除的，根总是留在那里，只有自我保护的抗毒药物的进化才能起到彻底治愈的作用。真理的情况也是如此。真理的全部含义表现得越多，探明它可能包含的错误的可能性也越大；反之，如果什么错误也没发现，真理就能被当做全面和颠扑不破的真理树立起来。自由主义不是以满不在乎的态度应用迦玛列[①]的智慧，而是以坚信真理的力量的态度来应用。如果这是一件人的事情，亦即如果它不是扎根于真实，那它就会归于失败。如果那是关于上帝的事，我们就必须小心，千万不要和上帝对抗。

意见的分歧，性格的分歧，行为的分歧，这些都不是无足轻重的问题。它们可能是最严重的问题，不能以自由主义的名义要求任何人忽视其严重性。例如，某些意见的表白中是生来就有某些不合格的。承认这些不合格并非是反自由主义。一个新教徒为他的儿子挑选一位家庭教师时拒绝聘请一个自称其全部教学工作都以其教会的教义为中心的虔诚的罗马天主教徒，这并非是反自由主义。如果请这同一个天主教徒专门来教数学，由于他不肯利用他的地位进行宗教宣传而拒绝聘请他，这才是反自由主义。对于前者来说，宗教观念的分歧是一个固有的不合格。它否定请教师的目的，即按照父亲信仰的方针对儿子进行全面教育。对于后者来说，信仰并非是一种不合格。这位虔诚的天主教徒懂得乘法表，能够传授他的知识而不提教皇不谬说。拒不聘请他是对他的信仰

① 迦玛列：《圣经》使徒保罗之师。——译者

实施节外生枝的惩罚。一位主编拒绝聘用敌对政党的成员来担任社论作者甚或政治评论员或任何其见解会影响其工作的职务，这不是反自由主义。拒不接受他作为一名排字工人或办事员或任何其见解不会影响其在报社的工作的职务，这才是反自由主义。拒不把一个有信任价值的职务委托给一个其前科记录表明他很可能辜负这种信任的人，这不是反自由主义。对一个在某方面犯了错误的人给予惩罚，不许他担任他完全适宜担任而且担任了就立即能为社会服务，并重新确立他的自尊的有益的社会工作，这才是反自由主义（这一点，“道德家”还必须多多学习）。不过，总有一天，已经被承认为宗教和政治中的一种责任的自由主义，将会在我们的道德观念中占有真正的地位，它将不仅应用于我们认为是传播错误意见的人，而且还将应用于我们认为是罪人的人。

这样理解的自由主义的立场当然不是说一个人的个人意见对社会是无所谓的，也不是说个人道德同他人没有关系。就密尔根据利己行为与利他行为之间的差别来论述而言，他仍然受着较老的个人主义的支配。我们应该坦率地承认，人的生活中没有一个方面是对社会不重要的，因为无论他是什么人，做什么，或想什么，都可能影响他自己的幸福（这是而且应该是大家关心的问题），也可能直接或间接地影响他与之接触的那些人的思想、行为和性格。其基本原理可从两方面来说明。首先，人比他的见解和行为重要得多。卡莱尔[①]和斯特林“除见解不同外”别无区别。对于我们大

① 卡莱尔（1795—1881）：苏格兰散文作家和历史学家，有《论英雄、英雄崇拜和历史上的英雄事迹》等著作。——译者

多数人来说，区别正在于此。卡莱尔注意到，有一样远为深奥的东西，只不过粗粗地论述过，而且通常论述得不恰当，这样东西就是真正的人。真正的人是一样比曾经用人们能理解的语言恰当地陈述过的东西更加含蓄的东西；正如人性比社会地位、阶级和肤色甚至性别（尽管是在不同意义上）的一切差别隐藏得更深，因此它也深深地处在那些使一个人成为圣人，另一个人成为罪犯的比较外部的事件下面。这种最终一致的意识是平等的真正意义，因为它是社会团结的基础，这种联盟如果真正获得体现，将能抵制一切智力、宗教和伦理道德方面的冲突的破坏力。

但是，另一方面，虽然个人意见和社会制度就像具体化的结果、通过个人或集体努力的明确过程获得的成就，人的个性却是一样生存和成长的东西，它能消灭却不能制造，不能打碎了又重新补好，但能置于使其蓬勃发展的条件之下，或者，个性如果有病，也可以使它处在通过本身的复原力痊愈的条件之下。自由的基础是生长观念。生命是学习，但是无论在理论上还是实践上，一个人真正学到的东西是他所吸收的东西，而他所吸收的东西则依靠他本人对周围环境花的力量。因此，就真正的难题，亦即道德纪律问题而言，通过硬性控制和严厉惩罚使一个人循规蹈矩，不让他成为邻居的眼中钉，这当然是做得到的。这样做也许会使邻人感到舒适，但是作为道德纪律，这在说法上是矛盾的。它对人本身的性格毫无作为。它仅仅压服他，除非他已经死了心，否则一旦自上而下的压力去除，还会故态复萌。要使同一个人学会自己来遵守纪律，虽然要有大得多的技能，也是做得到的，这是培养意志、个性、自制或者那种使我们能够指引自己生活的协调力量。自由主义是这样一种信念，即社会能够安全地建立在个性的这种自我指引力之上，只有在这个基础上，才能建立起一个真正的社会，这样建立起来的大厦，其基础深厚广阔，其范围无法予以限制。这样，自由与其说是个人的权利，不如说是社会的必需。它不是奠基于甲要求乙不打扰他，而是奠基于乙把甲当做一个理性动物对待的义务。对犯罪置之不理或对错误置之不理是不对的，但是必须把罪犯或犯错误者或无知者当作能够做得对和正确的人，并且引导他们积极向上，而不是仅仅把他们打翻在地。自由的统治正在于运用理性的方法。它是向理智、想象、社会感情的要求敞开大门；除非顺应这种要求，社会就难以进步。

当然，我并不硬说这些原则实行起来是毫无困难的。在许多要点上，它们无论在理论上还是实践上都遇到困难，其中有些困难我将在以后详谈。再者，我也并不硬说自由是一种万灵药，或者真正的社会学只能建立在自由观念的基础上。相反，自由只是社会生活的一个方面。互相帮助并不比互相克制不重要，集体行动理论并不比个人自由理论不重要。但是，在一项其全部要素都像在社会生活领域中一样紧密结合的调查中，出发点变得几乎无关紧要。无论我们从哪里出发，如果我们是相当坦率和一贯的，我们都将会被引领到从某一个中心点看待整体，而我认为，在研究“自由”这个概念时，就发生了这种情况。因为，从个人权利以及个人自由与社会控制对立开始，我们已被引领到一个地点，在那个地点，我们把自由当作主要是个社会利益问题，当作一样出于在那些成为社会最关心的事情的真理和道德领域内不断进步的需要的东西。在这同时，我们已经开始从树立得比较坚固的社会团结中寻找自由的效果，认为团结只能牢固地建立在这样一个基础上。事实上，我们已经通过自己的途径得出了通常被形容为个人与社会之间关系的有机概念——这个概念是密尔毕生全力以赴的，它同样也是T. H. 格林[①]在伦理学和政治学中的哲学的出发点。

"有机"这个名词经常被使用和滥用，因此这里最好来简单说明一下它的含义。一样被称为有机的东西是由许多部分组成的，这些部分彼此不同，但是一旦脱离了整体就遭到破坏或彻底改变。例如，人体是有机的，因为它的生命依赖于许多器官所履行的功能，而每一种器官又都依赖于人体的生命，如果脱离人体，就毁灭和死亡。社会的有机观点同样也是很简单的。它意思是说，虽然社会的生命只是许多相互作用的个人的生命，个人如果同社会隔离，他的生命也会变得完全不同。他的很大一部分将不复存在。即使他本人能够依靠《鲁宾孙漂流记》中的主人公的运气和本领来维持肉体存在，他的精神和道德面貌如果存在的话，也将和我们所知道的截然不同。依靠语言、训练以及和他人生活在一起，我们每个人都在自己体内吸收进我们周围的社会气氛。尤其在对于自由主义理论至关重要的权利和义务问题上，个人与集体的关系比什么都重要。他的权利和义务都是由集体利益规定的。比方说，我的权利是什么？从表面看，它是我所要求的某样东西。但是单单要求是没有意思的。我可能样样东西都要。如果我要求权利，那是因为在一个公正的观察者看来，这种权利是合理的，有充分根据

① T. H. 格林（1836—1882）：英国新康德主义哲学家，教育家和政治理论家。——译者

的。但是一个公正的观察者不会光考虑我一个人的要求。他同样会考虑其他人的相反的要求。他会按照我们彼此间的关系来考虑,也就是说,作为卷入社会关系的许多个人。再有,如果他的决定是合理的,它就必须以某种原则为依据;作为一个理性的人,他主张的任何原则都必须立足于该原则所服务或体现的良好结果,而作为一个公正的人,他必须把每一个受影响的人的利益都考虑进去。这就是说,他必须根据公共利益来作出判断。因此,个人权利不能同公共利益冲突,任何权利脱离了公共利益就无法存在。

这番道理似乎使个人过分屈从于社会了。但这是忘记了原来的设想的另外一个方面。社会完全由个人组成。它不具有同其成员的人格分离并比它们优越的独特的人格。诚然，社会具有某种集体生活和特性。英国是一个有它自己生命的统一体。但是这个统一体是由某些使全体英国人结合起来的纽带构成的，这些纽带是思想观念、爱国精神、同胞情谊、共同的骄傲以及其他无数种把讲同一种语言、有共同的历史、能相互理解的人结合起来的更精微细致的情感。英国不是一个超越四千多万居民住在一起、遵守共同法律的生灵之上的神秘的实体。它的生命就是他们的生命，它的幸或不幸就是他们的幸或不幸。因此，每一个人的权利所服从的共同利益乃是一种每一个人都能分享的利益。这种分享在于充分发挥他感知和热爱的能力，充分发挥他的精神力量和肉体力量，而在充分发挥这些能力和力量的过程中，他就在社会生活中尽了他的本分，或者用格林的话说，在公共利益中找到了自己的利益。

必须承认,这句话当中包含着某种假定,可被看作有机的社会

观点的先决条件。它意味着个性的这种实现或充分发展不只是一个人而是一个社会的全体成员都能切实做到的。必须有一根线，每个人都能沿着这根线和其他人一同和谐地发展。充分意义上的和谐不仅意味着没有冲突，也意味着实际的支持。因此，每个人都必须具有不仅允许而且积极促进他人发展的可能。老一辈的经济学家们假定一种天然的和谐，认为每个人的利益如果被彻底理解，并且不受外界干涉的限制，就必然会引导他做对他人并对整个社会有利的事。我们认为这种假定是过分乐观了。我们现在得到的概念并没有作出这么了不起的假定。我们的概念并不假定实际上存在着一种和谐，只要谨慎和冷静地判断，就可以使它有效地运行。我们只假定可能有一种道德上的和谐，这种和谐通过纪律以及改善生活条件，也许能够实现，社会理想就存在于这种实现之中。要系统地证明这个假定，就进入了重要的哲学原理领域。政治哲学就是在这一点上和道德哲学发生关系。这里只消说一句：正像在思想界努力建立条理清楚的体系是存在于科学和哲学根基的理性冲动的特征一样，在感觉和行为界建立和谐的冲动——这种和谐必须包括所有那些能思想和感觉的人——也和实践领域里的理性冲动属于同一种性质。向和谐迈进是理性的人持久不变的冲动，即使这个目标永远也达不到。

这些原理似乎十分抽象，远离实际生活，对于具体教导无甚价值。但是这种远离是属于接受基本原理而扔掉把这些原理同经验连接起来的纽带的性质。要找到这些纽带，我们必须再一次捡起老的自由主义原则，并按照有机观点或我们现在可称之为和谐的观点来看它们。首先，我们将看到老的平等观念是有道理的。因为共同利益包括每一个人。它建立在个性上，要求让社会每一成员有充分发展个性的机会。这不仅是法律面前权利平等的基础，而且也是所谓机会均等的基础。它不意味着原始的权力平等，[①]也不一定意味着对所有人一律平等对待。我认为，它确实意味着，在一个良好的社会制度里，在实际待遇、收入、社会地位、职位、报酬等方面无论存在着什么样的不平等，这种不平等的依据不是受到优待的个人的利益，而是共同利益。如果一方面存在着百万富翁，另一方面存在着乞丐是公正的，这必然是因为这种悬殊差别是一种经济制度的结果，这种经济制度总体上为共同利益服务，百万富翁的利益和乞丐的利益都包括在内；也就是说，当我们把一切有关方面的幸和不幸都认真考虑之后，再也找不到一个能更好地为一切人的利益服务的方法。这里我既不是在攻击任何经济制度，也不是在为任何经济制度辩护。我仅仅指出，按照有机或和谐的社会观点，要为财富分配中的严重不均辩护，就只能维持这个局面。的确，就平等而言，说也奇怪，似乎和谐原则能完全接受甚至扩大 1789 年所系统阐述的各种“人权”中的一种：“社会差别只能建立在最大多数的最大幸福之上”。如果甲在金钱或权力或地位上比乙优越确实是公正的，这仅仅是因为当一切有关方面（其中包括乙）的利益都考虑到以后，这种格局与我们所能设计的其他任何格局相比，能获得一笔纯利。

如果我们从平等转向自由，总的论据方法是已经指明了的，各

① 一种荒谬的错误想法，抱这种想法的主要是那些出于不可告人的目的而反对平等的人。

种困难则必须留待下章详细讨论。这里只需重复一句:按照和谐原则,自由的根本重要性在于“利益”本身的性质,无论我们是考虑社会的利益还是考虑个人的利益。利益是一样由于发展个性的各种基本因素而获得的东西,这种发展是通过扩大观念、激发想象力、发挥感情和激情、加强和扩大理性控制而进行的。由于在每个人身上发展这些因素使他不虚此生,因此正是这些因素的和谐的相互作用和反应,使得社会成为一个活的整体。我们已经知道,这样解释的自由是不能没有限制的;可是,限制不是目的,而是一种达到目的的手段,那个目的的要素之一便是扩大自由。

但是,社会的集体活动不一定要靠强制或限制来进行。社会越是牢固地建立在自由和自愿同意的基础上,就越是能自由地取得一切成就,在这些成就中,个人是软弱或无能为力的,联合行动则是强有力的。人类的进步,无论从哪方面来考虑,主要表现为社会的进步,是自觉或不自觉的合作的结果。在这个结果中,自愿联合起着越来越大的作用。但是,国家是许多种联合中的一种,其不同在于国家行使强制力,在于国家至高无上,在于国家要求对所有居住在其幅域内的人实行控制。这样一种联合应该具有什么样的职能,我们将结合其他已经提出的问题一同讨论。但是这里必须指出,我们可以正当地把国家当作是人类维护和提高生活的许多种联合中的一种,这是一个总的原则,正是在这一点上,我们和老的自由主义相距最远。但是,我们已经看到不少理由,认为经过认真研究,老的学说能导致一个比表面上看来更扩大的国家行为概念;我们还需要进一步努力,以证明我们已经得出的“积极”的国家概念不仅不与真正的个人自由原则相矛盾,而且对于有效实现这个原则还是必不可少的。

此外，历史上的自由主义还有一个原则是和我们目前的国家概念完全符合的。上面解释过的共同利益概念只有通过共同愿望才能充分实现。当然，一个慈悲为怀的专制君主或慈父般的贵族领导下的好政府，也有若干价值因素。任何一个和平秩序下都有使许多好事情欣欣向荣的余地。但是社会进步的丰硕成果只有这样一个社会才能摘取，在这个社会里，大多数人不仅是消极的接受者，而且是积极的贡献者。因此，使公民的权利和义务变得真实和充满活力，并且在社会条件许可下尽可能把它们扩大，就是有机的社会概念的重要组成部分以及民主原则的正当理由。就民族主义建立在历史的真实解释上来说，这也是民族主义的正当理由。因为，由于真正的社会和谐是建立在感情基础之上，并利用亲属关系、邻居关系、性格和信仰一致以及语言和生活方式一致这一切天然纽带，因此，最好、最健康、最有活力的政治单位就是人们通过自己的感情被强烈吸引的那一种。任何破坏这种团结的行为，无论是通过暴力的分裂还是强迫引进性质不同的思想感情和法律，都会破坏或至少限制社会生活的自动发展。民族自由和个人自由是从同一个根生长出来的，它们的历史联系不是以意外事件而是以思想概念的最终一致为基础的。

因此，在有机的社会概念中，历史上自由主义的每一种重要概念都起作用。理想的社会被设想为一个整体，它依靠各部分的协调生长而存在并繁荣昌盛，每个部分在按照自己方式和性质发展的过程中也促进其他部分的发展。每一种能够自立的社会生活都带一点这种和谐，因为如果各种相抵触的冲动占上风，社会就会崩溃，当它们确确实实占上风时，社会也确确实实崩溃了。从另一方面说，真正的和谐是个理想，这个理想也许非人们所能实现，但它却指明了前进的方向。但是，承认这点，就等于承认每个人（或者用个更概括的名词：社会秩序每一构成者）的可能的发展是无限的，不固定的。存在着许多可能性，最后达成社会和谐的可能性只有一个，而不和谐和冲突的可能性倒有许多。因此，社会的进步像个人的进步一样，最终取决于选择。这不是一条自然法则是天然的那种意义上的“天然”，亦即从一个阶段自动前进到另一个阶段而永不倒退，永不向左偏或向右偏。它仅仅在下述意义上是天然的，即它是根深蒂固的人性力量的表现，这种力量只有通过极其缓慢和麻烦的相互调整过程才能有所建树。每一种建设性的社会学说都以人类进步概念为基础。自由主义的核心是懂得进步不是一个机械装置问题，而是解放活的精神力量问题。好的机制必须能提供渠道，让这种力量通行无阻，不被它自己丰富的产品阻塞，使社会结构生气勃勃，加强头脑的生命力，并使之崇高尊贵。

第七章　国家和个人

我们已经大致了解了自由主义概念的基本原则及其各种应用，现在必须提出一些考察性的问题。这些不同的应用能彼此相容吗？它们能一起工作来创造那个极容易用抽象词汇来谈的和谐的整体吗？它们本身在理论上和实践上是真正协调一致的吗？比方说，个人发展的范围是与平等观念一致的吗？人民主权是个人自由的切实可行的基础，还是为普通群众的专横跋扈开辟了道路？民族感情能否同和平观念调和一致？热爱自由是否和充分实现共同意愿相容？如果这些理想在理论上是一致的，在实践上会不会冲突？历史上有没有确凿的事件可以证明一个方面的进步意味着另一个方面的倒退？如果是这样的，又怎样来结算得失的平衡？政治进步是否仅仅使我们对各种弊害进行选择，或者我们能否有一定的信心，相信只要解决当前最迫切的问题，最终就能够更好地克服紧接在后的困难？

我将尽本书篇幅的可能来讨论这些问题，首先要谈自由问题以及作为一切事情关键的共同意愿。对于这个题目已经说得相当多了，因此可以缩短讨论。我们已经懂得社会自由是以限制为基础的。一个人只有在他人无法妨害和干涉他的情况下才能自由地指引自己的生活。就这一点来说，它没有真正背离个人主义的最严格的原则。的确,我们已经有机会研究过把这个学说一方面应用于契约自由,另一方面应用于联合行动,并且已经懂得,在无论哪种情况下,名义上的自由,也就是说没有法律限制,可能会产生损害真正的自由的结果,也就是说,允许强的一方压迫弱的一方。我们也已经懂得,联合的效果可能是双重的,它既能限制自由,也能扩大自由。在所有这些事情上,我们的论点很简单:我们应该受真正的而不是字面上的理由的指导——我们在每一情况下都应该问:哪一种办法能产生有效的自由——而我们在每一情况下都已经发现自由和平等是紧密结合在一起的。然而,在这些情况下,我们是在处理一个人与另一个人的关系,或者一批人与另一批人的关系,我们可以把社会看做是他们之间的仲裁人,其任务是主持公道,防止滥用高压力量。因此,我们可以把很大一部分现代社会控制的发展看作是追求更有效自由的愿望所造成的。当我们发现个人的愿望与全社会的愿望相冲突时,情况就不太清楚了。当这种冲突发生时,我们似乎必须对两件事中的一件做好心理准备。要么我们必须承认强迫的合法性,这种强迫公开宣布不是为了自由的利益,而是置自由于不顾,力求促进社会认为良好的其他目的。要么我们必须承认限制,这些限制可能妨害共同意愿的发展,可能证明是对集体进步的一个严重障碍。这种冲突有没有办法避免呢?我们是否必须在任何情况下都让这个问题用利和不利的对比来解决,还是有普遍的理由能帮助我们确定集体行为和个人行为的真正范围?

我们首先要说,正如密尔许久以前就指出的,有许多种集体行为是不涉及强迫的。国家可能提供一些它认为是好的东西,而并不强迫任何人去利用这些东西。例如，国家可以设立医院，尽管任何一个付得起住院费的人仍旧可以自由地请他自己的医生和护士；国家可以推行而且确实正在推行一项大规模的教育制度，同时让每个人自由地开办私人学校或进私人学校就读；国家兴建公园和画廊，但并不强迫人进去游览参观；有市营电车服务，但并不禁止私人开了自备汽车在同一些街上行驶；如此等等。的确，为了维持这些东西，国家强制性收费收税，但是这种强制提出的一系列问题我们将结合别的事情来谈，它们在这儿与我们无关。眼下我们要讨论的只是国家的那些强迫全体公民（或全体有关之人）同意，不许有半点违抗的行为。这种强迫有愈演愈烈之势。其扩展是否一定侵犯自由，集体控制获得的价值因素是否和个人选择获得的价值因素不同，故而在适当范围内可以同时发展？

我们已经拒绝用密尔关于利己行为和利他行为之间的区别来解决问题，首先是因为没有一种行为能够不直接或间接地影响其他行为，其次是因为，即使有这种行为，它们也不会不受到他人的关注。公共利益包括社会每个成员的利益，一个人受到的损害是大家共同关心的，即使对他人并没有造成任何明显的影响。如果我们不强迫一个人去争取他自己的利益，这并不是因为我们不关心他的利益，而是因为无法用强迫手段来促进这种利益。困难在于利益本身的性质，利益在其个人方面取决于感觉的自然流动，这种流动不是受外部限制而是受理性自制的约束和指引。企图用强迫手段来形成个性无异是把它扼杀在摇篮里。个性不是从外部塑造而是从内部成长的，外部秩序的功能不是创造个性，而是为个性提供最合适的成长条件。因此，对于是否可能用议会的法令使人为善这个问题,回答是:道德是不可能强迫的,因为道德是一个自由人的行为或性格,但是创造一些道德能在其下发展的条件却是可能的,在这些条件中,一个并非最不重要的条件是不受他人强迫。

这个论点认为:强迫不是受漠不关心限制——社会怎么能对其成员的个性漠不关心?——而是受强迫本身无法达到其目的所限制。精神是不能用暴力使其就范的。反之,精神也不能依靠暴力获得胜利。精神可能需要社会的表达。它可能建立一个联合组织,例如一个教会,来实现一些共同的目标,并维持所有志趣相投的人的共同生活。但是这个联合组织必须是自由的,因为从精神上说,一切不是取决于做了一件什么事,而是取决于做这件事的意愿。因此,强迫的价值之所以有限,不是因为它限制了社会目的,而是因为它限制了个人生活条件。没有一种暴力能强迫生长。任何一种依靠感情的一致,依靠对意义的理解,依靠共同的愿望的有社会价值的事情,都必须体现自由。自由在社会和谐中的领域和作用就在于此。

那么,强迫的领域又在哪里,它的价值又何在呢?回答是:强迫只有在外部的一致是有价值的情况下才是有价值的,在一个人的不一致破坏其他人的目的的情况下尤其有价值。我们已经说过,自由只能以限制为基础。例如,严格地说,一个宗教团体是不能自由地在街上列队行进的,除非属于另一个宗教的人受到限制不向队伍扔石块,不对它施加侮辱。我们不许他们捣乱,不是为了教他们学会宗教的真正精神,这个他们在违警法庭上是学不到的,我们的目的是保证另一方的信教权利不受干扰。所实行的限制的价值在于它使行为获得自由。但是我们不仅可以阻止一个人去妨害另一个人——我们做此项工作的程度就是衡量我们所维持的自由的尺度——我们也可以阻止他去妨害集体的意愿；逢到必须用一致性来实现集体意愿所持的目的时，我们就非这样做不可。我们姑且假定，一个行业里的多数雇主愿意采取某些预防措施来保护工人的健康或安全，愿意减少工时或提高工资。但是，只要少数雇主，或甚至只要一个雇主不同意，多数雇主就不能这样做。如果多数雇主情愿负担额外的费用，而那个持异议的雇主却无需负担，那么，这个无需负担额外费用的雇主在竞争中就可以一举将他们击败。在这个事例中，少数人的意愿，可能是一个人的意愿，使其余所有人的意愿落空。一个人的意愿间接地迫使所有人的意愿服从，就像他是他们的主人一样灵验。如果他们联合起来强迫他服从，这并不违反任何自由原则。这是以强迫对强迫，形式和方法容或不同，原则或精神却并无不同。再者，如果整个集体同情一方而不同情另一方，它可以合理地使法律发挥作用。其目的不是对那些不服从的人进行道德教育，而是取得某些条件，这些条件它认为对其成员的利益是必不可少的，而且只有强迫一致才能获得成功。

因此，这样看来，真正的区别似乎并非在利己行为和利他行为之间，而是在强迫行为和非强迫行为之间。国家强迫行为的作用是要压倒个人的强迫行为，当然也要压倒国家内任何个人联合组织实行的强迫行为。国家就是用这个方法来维护言论自由、人身和财产安全、真正的契约自由、集合和结社权利，最后也维护国家自身实现共同目的，不受个别成员反抗阻挠的权力。毫无疑问，国家既赋予个人和联合以权利，也赋予他们以权力。但是，国家为了公正执法，必须对这些权力进行监督。正如强迫行为在自由领域和精神发展领域内失败一样，自由也在缺少监督性限制、人们得以直接或间接地相互压迫的外部秩序下归于失败。此所以自由和强迫之间没有真正的、不可避免的矛盾，而归根结底是一种相互的需要。强迫的目的是为内在发展和幸福创造最有利的外部条件，只要这些条件依靠联合行动和一致遵守。自由的领域就是生长发展的领域。自由和控制之间没有真正的对立，因为每一种自由都依靠一种相应的控制。真正的对立是在妨害个人生活和精神秩序的控制以及旨在创造使个人生活和精神秩序自由发展的外部物质条件的控制之间。

我并不硬说这样划定的界线能解决一切问题。“内在”的生命总是力图在外部行为中表现自己。一项宗教法令可能命令信徒拒服兵役，或者拒付税款，或者不许对一所房子进行检查。就是在这些外部事务上，个人和国家直接发生冲突，为它们仲裁的上诉法院又在哪里呢？在任何情况下，从对人类幸福的最终影响来看，当然是一方对，或另一方对，或双方都对。但是，如果每一方都认为自己对，不肯放弃自己的观点，有没有一样东西能作为双方的指导呢？首先，国家显然最好是用替换方法来避免这类冲突。对于一个托尔斯泰的信徒，可以让他承担兵役之外的其他义务，只要他愿意充分负起责任，问题也就圆满解决了。再有，少数人的宗教信仰是不能单纯以多数人的方便来衡量的。某些公益工作放在星期日做可能比较方便，但是仅仅为了方便而强迫犹太人在星期日参加这项工作，理由是不够充足的。宗教和道德信仰必须以宗教和道德信仰来衡量。从道德意义上说，重要的不是数量，而是按照人对共同利益的需要的最好见解获得的信念。但是社会的良知就和个人的良知一样有它的权利。如果我们确信对一个修道院的洗衣房进行检查不仅仅是为了例行公事，而且还是为了正义和人道，那我们就只能坚持这样做。当一切保全个人良知所能做的事都做了以后，关于共同利益的共同信念就必须我行我素。归根到底，外部秩序属于社会，抗议的权利属于个人。

另一方面，个人欠社会的要比一般认识的要多。在现代条件下，一个人极容易把国家为他做的事情看做理所当然，并把国家给予他的人身安全和言论自由当做有利地位，从那个地位他可以无所顾忌地责骂国家的所作所为，否认国家的权威。他认为自己有权愿意加入社会制度就加入，不愿意加入就不加入。他依靠给予他保护的普通法律，而踢开他认为压迫他良知的特殊法律。他忘记或不肯费神想一想，如果人人都像他那样做，社会这台机器就会停止运转。他当然没有弄清楚，在一个社会里，如果每个人只要自以为一项法律是错误的就要求有权对这项法律不予遵守，那么，这个社会如何能维持下去。事实上，一个过于脆弱的人是可能同不充分的社会责任感调和一致的。这种结合是不幸的；我们可以公正地说，如果国家必须对个人给以最周到的考虑，那么个人也相应地欠国家的情。有了这种相互的关怀，随着公民意识的加强，法律和良知之间的矛盾就可以缩小到最低限度，尽管它们的彻底和解将永远是个问题，直到人们对社会和谐的基本条件一致表示同意才能解决。

另一方面，可能有人会问，我们强调个性的自由发展，岂不是把社会对其成员的责任一笔带过了。我们都承认社会对儿童负有

责任。但是成人不是同样也需要关怀和照顾吗？白痴、弱智者、低能者或酒鬼怎么办？对于这类人，理性的自主作何解释？他们除非受了坏榜样的影响，一般只会伤害自己而不会伤害别人。但是撇开其他一切考虑不谈，单单考虑到他们本身的利益，我们对他们难道就没有责任吗？我们难道没有权利纯粹从他们本身的利益出发，而不考虑其他一切，来对低能者加以照顾，使酒鬼戒酒吗？如果是这样，我们难道不应该扩大可允许的强迫的范围，并承认为了一个人自己，不为任何其他目的，可以强迫他做我们认为对的事而不做我们认为错的事吗？

回答是：这番道理正是在它企图概括的一点上是欠缺的。我们不得不把疯子关起来，这是除了他们本身利益外，还出于社会的理由。但是即使没有其他理由，他们本身的利益已是一个足够充分的理由。对于疯子来说，由于他们遭遇的不幸，自由（如同我们从这个字眼所理解的）是无法应用的，因为他们无法进行理智的选择，因此也无法获得使自由显得宝贵的那种发展。低能者的情况同样也如此，如果还没有按照同样原则来对待，那只是因为他们这种人被当做一个典型还是相当晚近的事。但是酒鬼就他是一种他无法控制而只能听其发展的冲动的牺牲者而言，在某种程序上也属于这种情况；至于是否应该把酒鬼作为保护对象，这个问题应该在各种不同情况下看保护性管制期内他所保留的自制能力是削弱还是得到恢复而定。所有这一切里面没有任何东西涉及作为自制能力的价值的自由要素。它只证明一点：只要一个人不具有自制能力，使他免于痛苦就是对的，如果情况允许，可以把他置于冲动最容易恢复正常平衡的条件之下。还可以补充一点：就酒鬼来说——我认为这个论点适用于强烈的冲动易于控制意志的所有事例——一个更明显和重要的责任是去除诱惑的根源，把一切利用人的软弱、不幸和恶行得益的企图看作是最高级的反社会行为。这有点像一项极其不平等的契约。诱惑者在冷酷地谋求利益，受害者被内心一个恶魔所困扰。这里存在着一种强迫，真正的自由精神必定能看出这是它的敌人，另外还存在着一种对别人的伤害，其真实性并不因为它的武器是一种强迫别人同意的冲动而有所减弱。

我下结论说，自由学说中没有任何东西会阻碍普遍意志在其真正有效的领域内活动，一个关于普遍意志的目的和方法的公正概念中没有任何东西会妨害自由来履行其价值所在的社会功能和个人功能。自由和强迫具有相辅相成的功能，而自主的国家既是自主的个人产物，又是自主的个人的条件。

因此，我们不难理解，为什么扩大国家控制会与坚决反对侵犯自由同时进行。这不是一个增加或减少的问题，而是改造和限制的问题。工业立法迅速发展的时期也曾看到对诸如国家建立一个学说性的宗教教义坚决表示反对。[①] 归根结底，是同一个自由概念和同一个共同意志概念促使人们对工业加以管理以及使宗教信仰和宗教教义脱离国家控制机构。

到目前为止，我们谈的是国家强迫个人做什么。如果我们转向国家为个人做什么，就会产生一个不同然而相似的问题，我们必

① 对“非教派主义”最常见的反对是这种主义实际上是一种谋求国家资助的学说性教义。

须注意一种相应的舆论趋势。如果国家为个人做他应该自己来做的事情，这对个人的性格、主动精神和进取心会有什么影响？这其实不是一个关于自由的问题，而是一个关于责任的问题，就是这个问题引起了许多探索，人们对它的看法经历了很大的变化。例如，关于贫穷，老的观点认为第一需要的是自助自救。每个人必须为自己和他的家庭提供生计。当然，如果他彻底失败了，绝不能让他和他的家庭挨饿，济贫法机构就出来为他解决问题。但是穷人的每一个真心朋友必须力求使他们脱离济贫法这台机器。1834 年前的 40 年历史告诉我们，随意使用公款对不适当的工资给予补助产生了什么后果。它仅仅意味着工资标准降低了，因为人们能够依靠政府救济来弥补不足，同时，由于穷人和辛勤劳动的工人处于同一地位，独立劳动的刺激也削弱了。总之，如果企图用他人的帮助来代替个人努力，其结果只会逐步损害个人主动精神，最终使工资标准降低。例如，人们感到——这一点是针对有关养老金的建议提出的——如果一个人抱有的目的没有充分开展活动的余地，他结果就会满足于比较低的工资；如果他出了事故雇主给他赔偿，他就不会主动为事故预作安排；如果他的子女靠纳税人养活，他就不会挣钱去养活他们。因此，一方面，人们坚决认为，工资比率会自动适应挣工资者的需要，如果他的需要从其他来源得到满足，他的工资就会降低，结果表面的救济大部分将会落空，而最后，鉴于个人努力的刺激减少，劳动生产率将会下降，工业刺激将会减少，全社会将更加贫穷。另一方面，人们认为，无论工人阶级的状况悲惨到什么地步，解救他们的正确方法是相信个人的进取心，而按照某些思想家的看法，可能要相信自愿联合。采取这些方法，劳动效率就会提高,正常的工资酬报也会增加。通过坚决取消一切外来援助,我们应该教育工人自立,在训练过程中吃点苦,将来却大有可为。他们会逐步达到经济独立,那时他们就能面对生活的各种风险,不是依赖国家,而是用他们自己的头脑以及他们自己健全的双臂的力量。

这些见解已不再获得人们的同意。在一切方面,我们发现国家正在积极帮助各穷苦阶级,而绝不是只帮助穷人。国家在教育儿童,提供检疫,以纳税人的钱给贫民发放食物,通过劳工介绍所帮助他们就业,努力组织劳工市场以减轻失业,并为所有其收入低于每周 13 先令的人发放养老金,而不要求他们作任何贡献。就所有这一切来说,国家难道是在广阔和慷慨然而轻率的慈善道路上盲目前进吗?国家是对或者能对个人主动精神和个人或父母责任的影响漠不关心吗?或者,我们是否可以这样假定:一些比较聪明的人清楚地认识到他们在干什么,已从一切方面对问题进行了研究,而且受着关于国家的义务及个人的责任等合理概念的指导?我们到底是在——因为事实上正是这个问题——谋求慈善还是谋求正义?

上面我们说过国家的职责是为头脑和个性创造能据以发展的条件。现在我们同样可以说,国家的职责是为公民创造条件,使他们能够依靠本身努力获得充分公民效率所需要的一切。国家的义务不是为公民提供食物,给他们房子住或者衣服穿。国家的义务是创造这样一些经济条件,使身心没有缺陷的正常人能通过有用的劳动使他自己和他的家庭有食物吃,有房子住和有衣服穿。“工作权利”和“基本生活工资”权利就和人身权利或财产权利一样地有效。这就是说，它们是一个良好的社会秩序不可或缺的条件。在一个社会里，一个能力正常的老实人无法靠有用的劳动来养活自己，这个人就是受组织不良之害。社会制度肯定出了毛病，经济机器有了故障。但是，个别的工人是无法把机器修好的。在控制市场方面，他最没有发言权。如果他的行业里生产过剩，或者如果引进了一项新的、更便宜的生产技术使得他的那项专门技能——可能是多年应用的成果——成为滞销品，这并非他的过错。他并不指导或管理工业。他并不为工业的兴衰负责，却必须为它们付出代价。正因为如此，他要求的不是慈善，而是公正。可是，要满足这个要求，却困难到了极点。这可能牵涉到深远的经济改革。对涉及的工业问题可能了解太少，以致我们本意是想把事情做得好些，结果反而把它们弄得更糟。所有这一切说明，要想出办法来满足这个对公正的要求是多么困难，但这并不动摇它作为要求公正的立场。权利始终是权利，尽管对获得权利的方法了解得不够；只要这个国家还存在着由于经济组织不良而失业或工资过低的人，这始终不仅是社会慈善的耻辱，而且也是社会公正的耻辱。

如果这个关于国家义务和工人权利的观点正在日趋流行，这一来是因为共同责任感提高了，一来是因为经验的教导。在自由贸易时代早期，希望自助成为恰当的解决办法，希望随着廉价食物的供应和贸易的不断扩大，普通工人将能通过勤俭节约不仅在好年景自立，而且还能积一点钱供失业和患病及老年应急之用，这种希望是可以理解的。但是事情的实际进程使这些希望多半落了空。在 19 世纪，英国的生活水平确实在不断提高。特别是，自从废除《谷物法》和通过《10 小时工作法》前那个悲惨的时期以来，社会进步的确是真实和显著的。工会和合作社蓬勃发展，工资总的来说是提高了，生活费用降低了，居住和卫生条件改善了，死亡率从大约千分之二十二降低到不到千分之十五。但是，尽管有这一切改善，即使受工会的集体谈判的补充和保护，普通工人要想按照个人竞争路线获得彻底的、终身的经济独立，其前景依然是十分黯淡的。工资的增加和财富的总增长完全不相称。总的生活水平是提高了，教育的普及却带来了新的需求，要满足这些需求，生活水平非继续提高不可。总之，英国的工人阶级，尽管节俭程度不及某些欧洲大陆国家，并不能指责他们对未来掉以轻心。互助会、工会、合作社以及储蓄银行里储蓄的积累表明其增加的幅度是超过工资水平的提高的；但是普通的体力劳动者未必能达到充分独立的目的，亦即为自己和家人解决生活中的一切危机，只有解决了这些危机，才能使竞争制度真正适合文明人的需要。伦敦的布思先生和约克郡的朗特里先生以及其他人在农村地区所作的精心调查表明，相当一部分工人实际上挣不到一份代表一个普通家庭最起码生活的全部费用的工资；虽然大部分工人的处境无疑要比这个好些，这些调查依然表明，即使经济相当富裕的工人在困难时期也趋向于这根一级贫穷线，比方子女还在求学，或主要挣钱的人到了中年体力开始不支。如果只有大约百分之十的人在一个特定时期真正生活在贫穷线上①，那么，可以合理地推测，至少有两倍或三倍的人在其生命中某个时期也必然接近这条线。但是，如果我们

① 我没有把那些生活在朗特里先生所谓的“二级贫穷线”上的人包括在内，因为这个事例中的责任一部分是属于个人的。但是，必须记住，极度的贫穷增加了有效管理的困难。

从普通一个家庭仅仅能够糊口的概念上升到这样一种为文明生活提供真正的最低需要，并应付一切意外事件而无需依靠任何外来救济的工资，那么，朗特里先生的数字还必须追加，这个数字还没有计算出来，但是完全可以有把握地说，只有手艺最高超的工匠才能够挣到可以满足这种需要的钱。但是，如果情况真是这样，那么，工业竞争制度显然不能满足体现在“基本生活工资”之内的道德要求。那种制度不能给人们带来改善的希望，使联合王国大部分人民都能过一种健康和独立的生活，这种生活是一个自由国家中每一个公民与生俱来的权利。正是这种慢慢渗入公众内心深处的信念最终变成了种种有关社会改造的新思想。我提到的各种改革的要点可能体现在个人不能遗世独立、个人和国家之间有一种相互责任这一原则中。个人对国家的责任是为自己和自己的家庭勤奋工作。他不应该剥削他的幼年子女的劳动，而应该服从社会的要求，为他们的教育、健康、卫生和幸福尽心尽力。社会的责任是为个人提供维持文明生活水准的手段，而单单让个人在市场的讨价还价中尽力挣到工资是不算尽到责任的。

这个关于社会责任的观点对公共责任增加了压力，但是绝对没有忽视个人责任。应用伦理学的一个简单原则是，责任应与权力相称。只要给有足够酬报的工作机会，一个人就有权挣钱谋生。他有权利和义务充分利用他的机会，如果他失败了，他会正当地受到惩罚，被当作一个贫民看待，在极端情况下，甚至被当作一个罪犯对待。但是对于机会本身，他是无法同样自由地掌握的。它只在有限范围内被他抓住。工作机会以及工作报酬是由许多复杂的社会力量决定的，没有一个人，当然也没有一个工人能够自己创造。机会要是能够控制的话，只能由社会的有组织行为来控制，因此只能公正地分配责任，由社会来处理。

但是，可能有人会说，这不是自由主义，而是社会主义。在寻求个人的经济权利时，我们曾设想一种社会主义的工业组织。但是像社会主义这样一个名词有许多含义，可能既有一种反自由的社会主义，也有一种自由的社会主义。因此，我们将不拘泥于名词，力求在经济领域内弄清自由主义的国家观点。我们要试图极笼统地说明实行工业福利的基本条件意味着什么，以及它们如何与财产权利和自由企业的要求协调一致。

第八章　经济自由主义

有两种社会主义是同自由主义毫不相干的，我称它们为机械社会主义和官僚社会主义。机械社会主义立足于对历史的错误解释，把社会生活和社会发展现象归于经济因素的单独作用，而合理的社会学的起点是把社会看作一个各部分都在其中相互作用的整体。从单独一点来说，经济因素至少既是科学发明的原因，也是科学发明的结果。如果没有世界范围的相互沟通的需要，就不会有世界范围的电报系统。但是要不是有决定高斯和韦伯[①]的实验获得成功的科学兴趣，就压根不会有电报。再者，机械社会主义是奠基于一种错误的经济分析，把一切价值归因于劳动，否定、混淆或歪曲企业的独特指导功能、使用资本所不可避免的报偿、大自然的生产能力以及各种错综复杂的社会力量（这些力量由于确定供需动向实际上决定商品交换的价格）。在政治上，机械社会主义假定一种以实际上并不存在的明确的阶级差别为基础的阶级战争。现代社会绝对没有作出明确和简单的划分，而是显示出各种利益愈益复杂地交错混杂在一起。一位现代革命者在为“劳工”的利益攻

① 高斯（1774—1855）：德国数学家。韦伯（1804—1891）：德国物理学家。两人从1830年开始密切合作研究地磁，并于1833年发明电磁电报机。——译者

击“财产”时，不可能不发现他向之呼吁的“劳工”有一半都直接或间接地对“财产”发生兴趣。至于对于未来，机械社会主义构想出一种由政府控制工业的顺理成章的制度。关于这点，唯一需要说明的是，建立乌托邦并非是社会学的良好方法，这个乌托邦对自由、运动和发展准备不足，另外还要说明的是，社会主义者要把他的理想引进实际讨论领域，就不应该设计一项制度来整个地代替我们目前的种种安排，而是应该精心制定一个原则，借这个原则来指导政治家从事在工业结构中纠正弊病、发扬优点的实际工作。一个这样应用的原则只要含有好的因素就会发展壮大，集体管理工业只要行之有效就会相应发展。乌托邦观点是空想的，因为它的目标是些虚假的念头而不是活生生的事实。书本上的“制度”作为一个原则在能够明智地讨论之前，必须加以改造，使它能实际应用于铁路、矿山、工厂以及办公室。事实上，社会主义作为政治中一支实际力量就是靠这种改造获得进步的，这种改变的目的就是实现唯物主义的乌托邦。

官僚社会主义是一种不同的信条，它由于把自由和竞争混为一谈而轻视自由理想，进而对整个人类也表示轻视。它认为人类总的来说是软弱无助的，它有责任仁爱地对待他们。当然，真正的仁爱必须和坚强相结合，必须为了普通人本身的利益而把他的生活组织起来。他不必知道自己在被组织起来。社会主义组织会在幕后活动，机构里还有机构，或不如说幕后操纵背后还有操纵。表面上，存在着一个精英阶级，一个具有声望和才华的贵族集团，由他们当官，做实际行政工作。在这些人背后，有着许多团结和进步的委员会，由它们来领导工作。在这些委员会后面，又有一个或更多个决策者，由他们想出各种主意来领导世界。民主统治的把戏可以维持一个时期，但是应该实际承担社会生活组织工作的共同意志想法被认为是最幼稚的幻想。决策者暂时可以通过民主形式更容易地工作，因为民主形式已经具备，要消灭它们会引起动乱。但是统治的实质在于控制的方法。名义上的民主领袖是些无知之徒，只要略施小计，就可以使他们走他们应当走的路，群众会像羊群一样跟在后面。统治的技艺在于使人们做你希望做的事而自己并不知道在做些什么，在于带领他们走而不向他们说明走向哪里，等他们最后察觉了要想返回却为时已晚。这样构思的社会主义在本质上是同民主或自由毫不相干的。它是一个自命不凡的超人的一种组织生活的阴谋，这个自命不凡的人为每个人决定应如何工作，如何生活，而且的确还依靠优生学家的帮助，决定他是否应当活或是否有必要生下来。无论如何，如果他根本不应该生下来——就是说，如果他出身于一个其性质未被批准的原种——武士就会设法使他的种族难以繁衍。

一般的自由主义者如果不感到自己仅仅是个极普通的人，可能会对这种生活观表示更大的同情。他确信自己不能为他人管理他们的生活。他觉得要管理自己的生活已经够吃力了。但是不管超人是不是喜欢，他宁可照自己的方式而不是照别人的方式去生活，别人的方式也许聪明得多，但不是他的。他宁可娶他自己看中的女人做妻子，而不要那个肯定能为他生下标准类型孩子的女人。他不愿意被标准化。他不把自己当作主要是人口调查表中的一个项目。他不愿穿标准的衣服，吃标准的食物，他要穿他感到舒服的衣服，吃他喜欢吃的食物。有了这种难移的本性，他内心同样存在着的自由主义恐怕很容易同他达成协议。确实，自由主义嗾使他更胜一筹。它叫他要考虑别人大体上和他十分相似，也用同样方式看待生活。当自由主义在他心中说起社会义务时，劝告他不要妄想有一种优越地位，这种地位能使他为了他的同胞们的本身利益支配他们，而要指望一种同志情谊，本着这种情谊，他会同他们为了共同的目的而肩并肩地战斗。

因此，如果真有自由社会主义这样一种东西——到底有没有还是一个有待研究的问题——它必须明确地符合两个条件。第一，它必须是民主的。它必须来自下面，而不是来自上面。或者不如说，它必须来自全社会为争取更大的正义以及更好的互助组织所作的努力。它必须进行这种努力，不是服从一小撮超人的真实愿望，而是服从绝大多数人的真实愿望。第二，为了这个理由，它必须重视人。它必须让普通人在他真正关心的个人生活中自由发挥。它必须立足于自由，必须支持个性的发展而不是支持对个性的压制。人们或许会问，这些目的能相容到什么程度呢？在什么程度上能为公共利益组织工业而既不践踏个人的选择自由，也不使主动精神和能力的源泉干涸呢？在什么程度上能免除贫穷，或实现经济平等而不阻碍工业进步呢？提出这个问题，就势必还要提出其他更重要的问题，经济学中的“平等”的真正涵义是什么？比方说，它是不是指一切人都应该享有同样的报酬，或者同样的劳动应获得同样的报酬，或者同样的成就应获得同样的报酬？经济学中的公正的范畴是什么？公正在何处终止，慈善从何处开始？在这一切后面，财产的基础是什么？它的社会功能和价值是什么？对既得利益和时效权利应作何考虑？要在本书有限的篇幅里详尽

阐述这些根本性的问题是不可能的。最好的办法是遵循那些来自业已说明的自由主义原则的发展路线并观察它们在什么程度上使我们获得一个解答。

我们知道,国家的职责是为正常健康的公民创造自食其力的条件。履行这个职责可以从两方面着手。一方面是提供获得生产资料的机会,另一方面是保证个人在共同库存中享有一份。事实上,这两个方面正是自由主义立法在做的。一方面,自由主义立法正在竭力(尽管目前还是胆小和收效甚微的)扭转英国农民脱离土地的趋势。当代的调查研究清楚地表明,这种脱离并非是缓慢地起作用的经济力量的不可避免的结果。它是从15世纪开始的把公地圈作私有的政策所造成的,圈地运动从16世纪中叶到18世纪部分地停止,在乔治二世和维多利亚女王在位期间完成。由于这项运动是贵族政治促进的,因此有理由指望由民主政治成功地扭转,并重新建立一个独立农民阶级作为劳动人民的支柱。但是,这个试验涉及某种公有制。工人只有靠国家资助才能获得土地,自由主义者肯定不认为国家既然收回了土地绝对所有权,还会重新放弃。相反,在农业成果的公平分配中,一切从土地本身的特性或位置,或者从被捐税提高了的价格获得的好处,由于它们不是任何人的劳动所生产的,因此不属于任何人所有,或者(这是同一回事)应该属于每个人所有,亦即属于社会所有。此所以自由主义立法力求创建一个不是由小地主而是由佃户组成的阶级,让这个阶级耕种土地,并让他们获得自己的劳动成果作为报答,仅此而已。剩余产品国家将以地租形式据为己有。尽管让国家佃户获得防止侵犯的充分保证是可取的,但是地租必须定期按价格和成本予以

调整。因此,保守党的政策是建立自耕农制度来增强财产的选举力量,自由党的政策则是建立一个国家承租制,全社会将从其兴旺发达获得利益。一种解决办法是个人主义的,另一种办法就其本身而言则近似社会主义理想。

但是,虽然英国的农业可能有一个远大的前程,它在我们的经济生活中却永远不能恢复统治地位,小块租用的农地也不大可能成为普遍的农业形式。工业的主体将愈益掌握在大企业手中,个体工人无论拥有哪些生产工具,都休想与之对抗。因此,对大部分人民来说,保证他们过像样的生活必然就是保证他们继续以基本生活工资就业,或者,作为替换方法,保证他们获得国家援助。但是,如上面已指出的,经验表明,普通工人由竞争规定的工资除了满足一个普通家庭的正常需要之外,还要应付生活中的风风雨雨,应付患病、意外事件、失业和老年是不够的,而且今后也不大可能会够。就意外事件来说,国家已使雇主负起提供救济的责任。就老年来说,我认为,国家本着一个更合理的原则,已自己挑起这个担子。精确地理解《养老金法》所包含的新政策的原则意义,这是十分重要的。《济贫法》总的来说已保证老人和穷人免于饥饿。但是济贫法仅仅在赤贫的情况下才起作用。它未能帮助那些曾经自食其力的人。确实,对不少没有希望储存一笔钱来使他们过比济贫院里更舒适的生活的人来说,济贫法简直没有劝诱他们自助。养老金制度取消了赤贫的考察。它提供一个最低限度,一个基础,在这个基础上,个人只要节约就有希望过温饱的生活。它对于自助,对于朋友的帮助或子女的赡养不是麻醉药而是兴奋剂,在一定限度内一切人都能做到。它恰恰是自立的条件之一,自愿的努力

能利用这个条件,但需要自愿的努力使它充分实现。

作为推翻济贫法运动基础的建议正是这项原则的普遍应用。这就是:我们不应当救济穷人,而应当力求使避免贫穷的方法人人都能做到,尽管在这样做的时候,我们应该要求个人方面也要相应地努力。满足这些条件的一个方法,是为个人提供一个可据以脚踏实地去干的基础,就像在老年方面所做的。另一个方法是国家援助的保险,在这方面,自由党立法者正在进行试验,希望能用它来解决病弱伤残以及一部分失业问题。第三个方法可用少数济贫委员解决守寡或被遗弃的幼童母亲的问题的方法来说明,这个问题目前往往充满悲剧色彩。迄今为止,这类妇女一直被看作赈济的对象,需要乐善好施者帮助她保住她的家,同时一直认为她有义务不惜一切劳力出去工作,免得靠领取公费救济金过活。新的权利和义务概念清楚地见诸委员们的下述论点:如果我们真正相信我们就母亲的义务和责任所说的一切,我们就应当承认,幼童的母亲留在家里照料她的孩子,要比她出去做打杂工,听任孩子在街上无人看管或交给邻居马马虎虎看管,对社会贡献更大,更值得金钱酬报。我们认识这个论点的力量以后,就会改变对这个事例中公家援助性质的看法,我们不再认为强迫母亲出去做打杂工是可取的,也不再认为她拿公家的钱是丢脸。事实上,我们已不再把公家的钱看作施舍,而是把它当作对一项公民服务的报酬,我们需要的恰恰是她不应该通过挣钱来增加收入,而是应该使她的家值得尊敬,并抚养她的子女,使他们健康和幸福地成长。

在为竞争制度辩护时,有两个论点过去和现在始终很流行。一个论点是以工人阶级的酒瘾为基础的。据说工人把剩余的收入

都花在喝酒上，如果他们没有留出点钱来储蓄，那是因为他们把钱都用在酒店里了。这个论点正在迅速受到喝酒恶习的实际改变的冲击。两个世代前革除了英国富有阶级酗酒恶习的戒酒浪潮，目前正迅速席卷所有各个阶级。酒账依然过高，一个普通工人每周工资花在喝酒上的比例依然很大，但是数目正在减少，过去关于增加工资就是增加酒账的担心可能是合理的，但现在已不再能被认为是反对改善工人物质条件的正当理由。在经济繁荣年代，酒账已不像过去那样大幅度增加。第二个论点遭到了甚至更为决定性的打击。直到今天，人们一直振振有词地说：人民大众物质条件的任何改善都将导致人口出生率的增长，出生率的增长扩大了劳动力的供应，将自动地使工资降低到原来的水平。将会有更多的人，他们的生活会像从前一样悲惨。出生率的实际下降，无论有什么其他后果，已驳斥了这个论点，使它无立足之地。出生率并不随繁荣增长，反而下降了。不用害怕人口过剩；如果目前存在着危机，这是在别的地方。这两个论点的下场必须被看作我们已经指出的舆论改变中的一个极其重要的因素。

尽管如此，可能还有人会认为我所粗略说明的制度充其量不过是一个大规模的国家慈善组织，作为这种组织，它必然会产生与大规模慈善有关的结果。它必然会使能量的源泉干涸，破坏个人的独立自主精神。关于第一点，我已经提到某种相反观点的有说服力的论据。国家正在做的事情，还有如果设想中的一系列改革全部实现后国家将会做的事情，是绝对满足不了正常人的需要的。他还得花大气力挣钱谋生。但是他将会有一个基础，一个根底，在这个根底上可以建立起真正的充足。他将会有更大的安全，更光明的前途,更充分的自信,相信自己能立于不败之地。生活的经验表明:希望是比恐惧更胜一筹的刺激剂,自信是比惶惶不安更胜一筹的心理环境。绝望有时能驱使人们不顾一切,但这种效果是瞬息即逝的,要使它永远存在的话,需要一个更稳定的环境来培养那种造成正常健康生活的自制和干劲。有人会滥用他们的优势,也有人会滥用每一种社会机构。但是总的来说,当个人责任的合法范围适当划定,亦即个人肩上的担子不是沉重得非常人所能忍受时,个人责任就能更明确地规定,并能更有力地予以强调。

但是,可能有人会说,依赖外来援助是会破坏独立自主精神的。谋求私人慈善援助确实会有这种后果,因为它使一个人依靠另一个人的恩惠。但是,一种能被人当作合法权利的援助就不一定会有这种后果。再者,慈善之所以降低独立努力的价值,是因为它的对象是失败者。它是对不幸的补偿,很容易转化为对怠惰的鼓励。另一方面,权利这样东西是由成功者和失败者同样享受的。它不是在赛跑中让弱者先跑几步,强者慢跑几步,而是在和命运的赛跑中,强弱双方都要跑同样距离。这使我们接触到一个真正的问题:所讨论的这类措施到底应被当作慈善措施还是正义措施,当作集体仁爱的表现还是对一种普遍权利的承认?充分讨论这个问题涉及复杂的、在某些方面崭新的经济概念和社会道德概念,我在本章内无法细谈。但是我将尽力把社会和经济正义概念大致说明一下,因为它们是现代自由主义运动的基础。

在研究这个问题时,不妨指出:无论法律依据是什么,在实践中,现行英国《济贫法》是承认每个人对最低限度的生活必需品的权利的。穷人可以找政府机关,政府机关必须给他食物和住所。

单单根据他是人就有需要这一理由，他对公共资财有留置权。但是，这种留置权只有在他赤贫如洗的时候才起作用，他只有符合政府机关规定的某些条件才能行使这种权利，这在济贫院实行审查后意味着丧失自由。“1834 年原则”是贫民的命运必须比独立劳工差。也许我们可以这样来表达当代观念的改变，说按照较新的原则，社会的责任是保证使独立劳工的命运比贫民好。本着这个宗旨，对公共财富的留置权扩大和改革了。行使这种权利，并不产生丧失自由的惩罚性后果，除非个人方面证明有侵犯他人权利行为或玩忽行为。基本论点是，在一个像联合王国那样富裕的国家里，每个公民都应该有充分办法以对社会有用的劳动来获得经验证明过一种健康文明生活所必不可少的物质支援。如果在工业制度的实际运行中，办法供应不足，他就可以不是以慈善而是以权利的名义要求用国家资财来弥补。

财产权是我们大家都承认的。对财产是不是还有一种普遍的权利？一种经济制度，通过继承法和遗赠法使巨大的不平等永久存在，这种经济制度是不是根本就错了？绝大多数人生下来除了他们能靠劳动挣得的东西外一无所有，而少数人生下来却拥有超过无论哪个有功劳的人的社会价值的东西，对于这种情况我们应不应该默认？在一种合理的经济道德方案中，我们应不应该允许社会成员有一种真正的财产权，可以对公共资财提出最低限度的要求？也许有人会说，这个主意不错，但是撇开伦理道德不谈，不大幸运的人又能依靠什么资财呢？英国几乎没有集体财产可供这种用途。英国的岁入靠的是税收，到头来只能为了穷人的利益而对富人征税，人们会说这既不是正义，也不是慈善，而是赤裸裸的掠夺。对此我要回答:公共资财枯竭是严重经济失调的征兆。我要说,财富既有个人基础,也有社会基础。某些财富,例如城市和城市周围的地租,主要是社会创造的,只因过去时候政府处理不当,才落入私人手中。财富的其他巨大来源是金融和投机活动,往往具有明显的反社会倾向,只因为我们的经济组织有缺陷才成为可能。其他原因是我们的酒法以及允许市政服务由私人操纵的老的做法所造成的部分的垄断。通过继承原则,这样积累起来的财产代代相传,其结果是,一小批人生下来就到手一份文明的物质利益,而为数众多的人可以说"赤条条地来,赤条条地去"。这个制度必须彻底予以修改。人们强调说,这种状况下的财产不再是一项每个人都能据以获得自己劳动成果的制度,而是成了一样工具,工具的主人能按照他一般都能自己规定的条件来支配他人的劳动。这个倾向被认为是不可取的,必须通过一系列协同一致的财政、工业和社会措施来加以纠正,这些措施能增加社会所掌握的共同财富,并如此地使用,让所有那些不因懒惰、伤残或犯罪而丧失有利地位的人在经济上获得独立。早期曾有过形形色色的公社,在这些公社中,每个人生下来都各得其所,每个人都获得一份公地。在消除这项制度的最后残余时,经济个人主义为巨大的物质进步奠定了基础,但却以人民大众失去幸福为巨大代价。经济学的主要问题不是消灭财产,而是使社会的财产概念在适合现代需要的条件下恢复其正确地位。要做到这点,不能用我们在古代史上听见过的那些生硬的重新分配方法,而只能用下述方法:把财富的社会成分同个人成分区别开来,把社会成分的财富上交国库,由社会掌握,以满足社会成员的基本需要。

财产的基础是社会的，这有两种意义。一方面，是社会的有组织力量保护财产所有人，防止偷盗掠夺，从而维护财产所有人的权利。尽管受到许多批评，不少人似乎还是认为财产权是造物主或上帝赐给某些幸运的人的，仿佛这些人有无限权利把国家当作他们的奴仆来指挥，让他们通过自由运用法律机器来尽情享受他们的财产。他们忘记了，要是没有社会的有组织力量，他们的权利连购买一星期的用品也不值。他们没有问问自己，要是没有社会所维持的法官、警察和稳定的秩序，他们将会落得个什么下场。一个春风得意的商人，自以为发财完全靠的自己力量，他没有好好想一想，要不是有安定的社会环境使工商业能够蓬勃发展，要不是有安全的水陆交通，要不是有大批熟练工人，要不是有文明供给他支配的智慧，要不是有总的世界进步所创造的对他生产的东西的需求，要不是有历代科学家和工业组织者集体努力创造出来而被他理所当然地使用的各种发明，那么，他在成功道路上将寸步难行。如果他挖一挖他拥有的财产的根子，他就得承认，既然社会维护并保证他的财富，因此社会也是创造财富的不可或缺的伙伴。

这里就产生了财富是社会的第二种意义。价值有一种社会因素，生产也有一种社会因素。在现代工业中，个人要完全靠自己一人的力量是什么也做不成的。劳动分工极其精细；劳动既然是分工的，就只能是合作的。人们生产商品供出售，其交换率亦即价格，是由供求关系确定的，供求率则由各种复杂的社会力量决定。在生产方法中，每个人都尽量利用一切可利用的文明手段，利用他人的智慧所创造的机器以及文明所赠与的人类机构。因此，社会提供条件或机会，对于这些条件或机会，有些人利用得远远比其他人好，它们的利用就是生产中的个人因素，它是个人索取报酬的基础。维持并刺激这种个人努力是良好经济组织所必不可少的，这里我们无需问到底有没有一种社会主义概念能满足这种需要，但是我们可以有把握地说，没有一种忽视这一点的社会主义能持久地获得成功。另一方面，一种个人主义如果忽视财富的社会因素，就会耗尽国家的资源，使社会失去它在工业成果中应得的一份，结果就是造成财富的单方面的、不公正的分配。经济公正是把不仅应该付给每个人而且应该付给每一种履行有用服务的社会功能或个人功能的东西如数付给，而这种应该付给的东西是按照刺激和维持那种有用功能的有效运用所必需的数额来计算的。功能与生活资料之间的平衡是经济平等的真正含义。

要运用这个原则来调整以社会为一方，财富的生产者或继承者为另一方的要求，就必须把各种并非在一切情况下都容易区别的生产因素予以区别。如果就上文提到的城市土地来说，区别是相当明显的。伦敦一块地皮的价值主要应归功于伦敦而不归功于地主。说得更准确点，价值一部分归功于伦敦，一部分归功于英帝国，再有一部分归功于西方文明。但是，由于这些附属的因素是无法摆脱的，价值的全部增值应归功于这个或那个社会因素是极其明显的，这就说明为什么自由主义观点坚决认为地皮价值按理是社会财产而不是个人财产。特准兼售酒类场所的垄断价值（它是为了控制酒类买卖而制定的法律直接创造的）是另一个适当的例子。社会处理这些事情所遇到的困难是它已经听任这些财富的来源从它手中滑出，这类财产自由地在市场上转手，相信它和任何其他财产一样过去和现在都依靠同样的法律基础。因此，社会不可能坚持它的全部要求。社会要恢复它的全部权利，就只能让个人吃苦头，使工业制度受到震动。社会所能做的是逐步使捐税从应归功于私人进取心的财富转向依靠本身集体发展的财富，从而逐步收回它自己的集体劳动成果的所有权。

原则上困难得多的是贯穿整个生产过程的更笼统的社会价值因素问题。这里我们是在处理一些在运转中如此错综复杂地交织在一起的因素，只能用间接方法把它们区分开来。要最好地理解这个方法，我们可以设想工业制度有一个努力贯彻上面已粗略说明的酬报原则的彻底中央化组织。我们设想这个中央组织是如此地英明和公正，能为每个人找到合适的地位，给每个人应有的酬报。如果我们的论点是正确的，这个组织会感到必须给每一个生产者（无论他是用手还是用脑工作、无论是领导一个工业部门还是听人指挥）以这样的酬报，这种酬报能够激励他尽最大的努力，并使他保持终身发挥功能所必需的条件。如果我们认为年复一年所产生的财富有一大部分来源于社会是正确的，那么，在支付这个酬报以后，还会有剩余，这个剩余就应该归社会所有，可用于公共宗旨，用于国防、公共工程、教育、慈善以及促进文明生活。

但是，这仅仅是一个想象的描述，我无需问政府是否能达到这种程度的英明，或这种程度的中央集权会不会产生阻碍其他方面进步的后果。这幅图画仅仅用来说明公平分配的原则，国家应根据这个原则来处理财产。它说明了我们的经济公正概念，从而也说明了我们应据以调整税收和改组工业的方针。我可以举两个例子来说明它的意义。

在现代条件下，私人财富的一个重要来源是投机。这是不是也是社会财富的来源？它为社会生产什么东西吗？它是不是履行一种功能，我们的理想的政府认为必须为它付出代价？我以每股110镑的价格买进若干铁路股票。一两年后，我抓住一个好机会，以每股125镑的价格卖出。这笔多出来的钱是劳动所得还是非劳动所得？单就这宗买卖来说，回答是清楚的，但是可以说，我在这宗买卖中的好运气可能被另一宗买卖中的坏运气所抵消。这是没有疑问的。但是，如果两相抵消的结果，我用这个方法发了一笔财，或赚了一笔钱，这笔财或这笔钱似乎不是靠生产服务获得的。对此可以回答说，股票的买主和卖主是在间接地履行着调整供求从而控制工业的功能。只要他们是老练的商人，对某一个市场有丰富知识，情况可能是这样。如果他们是业余性地涉足市场，希望时来运转捞一把，他们就有点像赌徒。我不敢肯定两种人当中哪一种人居多。我只指出，从表面上看，从这种特殊来源赚来的钱似乎是属于一种精明或幸运的人能够对生产者征收的税的性质，而不是他们本人对生产作出一定贡献而获得的酬报。对这个观点有两个来自经验的测试方法。其一是，应该设计一种集体组织来缩小投机市场的重要性。我们的原则将会表明逢到有机会时试图这样做是适当的。其二是，对从这个来源获得的收入征一项特别税，经验将会很快地说明这种税是否真会阻碍任何阶段的生产和分配过程。如果不会，那么这种税就证明是正当的。它会证明，个人获得的总收益超过了(至少从税的数额来看)维持该项经济功能所必不可少的报酬。

另外一个例子是遗产。这是当代社会和经济结构中的一个决定性因素。从我们的原则可以清楚地看出，遗产与逐日创造的财富的性质完全不同。它只能用两个理由来辩护。一个理由是因法定期限而获得的权利以及经济秩序的基础难以破坏。如果采取暴力和草率的手段，这个理由是无可辩驳的，但如果实行温和而行动缓慢的经济改革政策，这就根本不成其为理由了。第二个理由是遗产起着好几种间接的作用，抚养子女和建立家庭的愿望是对发愤图强的一个刺激。有闲阶级的存在为独创能力的自由发展提供了机会，并供应无私的男女人们为国家效劳。我要再一次指出：唯一能判明这些论据的价值的测试是以经验为根据的测试。通过继承取得的财产和通过努力获得的财产显然是不一样的，自由主义政策最初将劳动所得和不劳而获加以区别是正确的，唯一失实之处，是从资本或土地获得的收入可能代表个人的储蓄而非他继承的财产。真正的区别是在继承所得与劳动所得之间，虽然对劳动所得的财产征税可能减少工业利润，并削弱工业的原动力，但绝不说明对遗产增税必然会有那个结果，或者必然会严重搅乱任何其他社会功能。再者，它是一个只有经验才能决定的问题，如果经验表明我们能够对遗产征税而不减少资金的有效供应，也不失去任何有价值的服务，那么，其结果将是纯利益。国家绝不能是唯一的生产者，因为在生产中，个人因素是极其重要的，但是国家既扩大对自然资源的控制，又扩大对过去积累的遗产的控制，却是不受限制的。

如果自由主义政策不仅致力于将劳动所得和不劳而获区别开来，而且还致力于对从一切来源获得的大宗收入征收附加税，那么，我认为，其基本原则是这样一种怀疑：任何一个人对社会的价值是否真能像某些人所达到的那样大。当然，如果世界的巨大财富落入伟大的天才之手，这种怀疑就另作别论了。我们无法决定应该给莎士比亚、勃朗宁、牛顿或科布登付多少钱。这是不可能的，但幸而也是不必要的。因为天才是受他本人渴望给予的心理所驱使的，他向社会索取的唯一报答是不要干扰他，让他呼吸宁静和新鲜的空气。实际上，尽管他的贡献很大，他所能索取的也不过是那么一丁点超过思想和创造生活所必不可少的东西，因为他的创造力是对内心冲动的一种反应，这种冲动促使他不顾任何其他人的愿望而一往直前。大工业组织者的情况有所不同，但是只要他们的工作从社会意义来说是正当的，他们同样也是受内心需要驱使胜于受真正的贪财心理驱使。他们获得巨额利润是因为他们的工作达到这样一个等级，如果差额是合理的，那肯定是个大数目，他们无疑会对金钱感兴趣，把金钱既作为他们成功的象征，又作为社会权力增强的基础。但是我相信，金钱的贪欲对这种人的直接影响是被无限夸大了的，我愿举出两点作为证明。第一，这类人当中有不少人愿意接受有可能减少他们的物质利益的措施，个别的人甚至积极促进这类措施；第二，不少有高度经商能力的人在政府机关供职，这些人心里一定非常明白，他们的薪俸同他们在商业竞争中赚得的钱是不可同日而语的。

因此，总而言之，我们可以认为，附加税的原则是基于这样一个认识：一年约 5 000 英镑的收入已接近个人的工业价值的极限。①

---

① 的确，只要一个有相当能力的人一年仍旧能够挣 5 万英镑，社会就休想以 5 000英镑获得他的服务。但如果以税和经济改革使情况改观，5 00C 英镑实际上成为能获得的最高限额，连能力最强的人也只有花很大力气才能获得，那就没有理由怀疑人们不肯花那么大的力气。能力所需要的刺激物不是报酬的绝对数，而是报酬按工业或商业的生产量的比例增长。

对超过那个数目的收入征收累进所得税未必会挫伤任何具有真正社会价值的服务，倒可能会把对无限财富、对社会权力的反社会狂热压下去，把炫耀自己的虚荣心打掉。

这些例证也许足以具体说明作为社会功能支柱的经济公正概念。它们同样也说明国家的真正资源要比一般人所认为的巨大而丰富得多。税的真正功能是为社会争取财富中来源于社会的部分，或者说得更透彻些，一切不来源于个人努力的东西。当基于这些原则的税被用来为广大人民群众创造健康的生存条件时，可以清楚地看出，这绝不是把甲的东西剥夺来送给乙。甲并没有被剥夺。除了交税以外，倒是甲剥夺国家。一项能使国家获得一份社会价值的税，不是从纳税人有无限权利可称为己有的东西中扣除的某种东西，而是把一样应归社会所有的东西偿还给社会。

但是，征得的税为什么偏偏应该给穷人呢？既然甲没有被剥夺，为什么乙应该受惠呢？既然甲也是社会一分子，为什么不可以把征得的税用在一样对甲和乙都有关系的东西上面呢？毫无疑问，公款唯一的正确处理方法是把它用在有助于促进公益的事情上面，而事实上，公共开支使所有阶级都受益的方方面面确实不少。值得指出的是，甚至有些其直接目的与贫苦阶级有关的重要支出部门，情况也是如此。以公共卫生为例，它不仅对于如果取消公共卫生就首当其冲的贫穷地区有利，即使对于富有地区也同样有利，因为富人虽然能与穷人隔离，却逃避不了传染。在过去时代，法官和陪审员跟囚犯一样，都可能感染监狱里流行的斑疹伤寒而死去。还有，以教育为例，它不仅对工人有经济价值，就是对工人所服务的雇主同样也有经济价值。但是当所有这一切都考虑周全以后，必须承认，我们是打算把一大部分公共开支用来消灭贫穷。这项开支的主要理由是：防止人们因缺少舒适的生活用品而受苦是公益的一个重要组成部分，是一个一切人都必须关心，一切人都有权利来要求和有义务来履行的目标。任何公共生活如果以参加公共生活的人当中哪怕一个人受可以避免的苦为基础，这种公共生活就不是一种和睦的生活，而是一种不和的生活。

但是还可以更进一步。我们一开始就说明过，社会的功能是为全体正常人提供手段，使他们能借助有益工作获得过健康而有效生活的必需品。现在我们可以看出，这是属于经济公正原则的一件事，也是最重大、最意义深远的一件事。经济公正原则规定，每一种社会功能都必须获得足以在每个人的一生中刺激和维持这种功能的酬劳。这种酬劳应该有多少，也许只有通过专门实验才能确定。但是，如果按照我们一直在遵循的思想，假定一切健全的成年男女都应该过文明人的生活，过勤劳的工人、好的父母、奉公守法的公民的生活，那么，社会的经济组织的功能就在于使他们获得过这样一种生活的物质手段，社会的直接义务就是注意这些手段在哪些方面不足，并予以补充。因此，社会效率状况标志着最低限度的工业酬劳，如果国家没有用有意识行为来保证这种状况，那国家就必须用有意识的行为来保证。如果良好经济组织的任务是使功能和生计相平衡，这个原则的最先和最重大的应用就是满足基本需要。它们确定最低限度的酬劳标准，超过这个标准，就需要进行详尽的实验来了解增加了的服务价值需按何种比率使酬劳相应增加。

也许有人会反对，说这种标准是达不到的。可以争辩说，有些

人不值而且永远也不值一份最高效率的工资。硬要让他们获得这种酬劳仅仅意味着净亏损，从而违反经济公正标准。它付给一种功能的酬报势必超过这种功能的实际价值，差距可能大到这种地步，以致使社会崩溃。当然，必须承认，全体人民中有一定比例的人是身体有病、精神有缺陷或道德败坏的。大家都得同意，对这几类人必须按照与经济原则不同的原则来处理。对一类人需要执行惩罚性纪律，另一类人需要终身照顾，还有一类人——精神和道德健全，但身体有缺陷——则不幸必须靠公私慈善机构的救济。这不是一个为工作付报酬的问题，而是给受苦者帮助的问题。按照经济理由和其他更广泛的理由来如此地进行帮助，使受帮助者尽可能自给自立，这当然是合乎理想的。但是，一般而论，所有为这几类人做的事情是用而且必须用剩余物资来偿付。批评者可能提出的真正问题是：相当一部分收入不到最低标准的工人到底能不能挣得那个标准。批评者可能会说，这些工人的实际价值是按照他们在竞争市场上获得的工资来衡量的，如果他们的工资达不到标准，社会只要愿意和能够补足差额就可以补足，但绝不可闭眼不看这个事实，即社会在这样做的时候，不是在履行经济正义，而是在行善。对于这个问题可以这样回答：一个没有财产的工人在同拥有财产的雇主谈判时所能索取的价格，绝对不是衡量这个工人实际能增加的财富的尺度。谈判是不平等的，低酬劳本身是低效率的原因，而低效率反过来又对酬劳产生不利影响。相反，生活条件的普遍改善会对劳动生产率产生有利影响。过去半个世纪内，实际工资已有很大提高，但是所得税收入表明商人和专家的财富甚至增加得更快。因此，有一切理由认为工资的普遍提高肯定会

增加剩余，无论那种剩余是作为利润归个人所有，还是作为岁入归国家所有。工人阶级物质条件的改善作为社会的一种经济投资，非但不会赔本，还会获得更大的盈利。

如果我们严格地考虑“基本生活工资”原则上应包含哪些消费因素，这个结论就会得到增强。我们认为，一个成年人靠劳动获得的工资应该足够供养一个普通的家庭，并为一切风险预作准备。我们认为，工资不仅应该能够支付妻子和儿女的吃穿费用，而且还应该能够应付疾病、意外事故和失业等风险。它应该提供教育费，另外还储存一笔钱供养老用。如果做不到，我们就认为挣工资者不能自给。一个没有任何遗产的非熟练工人实际增加的财富是否比得上这些项目的总费用，这当然是可以怀疑的。但是，在这一点上，我们的另一个原则就开始起作用了。他不应该被剥夺任何遗产。作为一个公民，他应该享有社会遗产的一份。这一份遗产当他遭遇无论是经济失调、伤残还是老年造成的灾难、疾病、失业时应该给他支持。他的子女享有的一份遗产则是国家供给的教育。这些份额是由社会的剩余财富负担的。只要财政措施得当，这不会侵害其他人的收入，而一个除了社会遗产中作为公民人人都有的一份以外一无所有的人，能够维持生活费用，是应该被公正地看作自立的。

因此，自由主义经济学的要点是社会服务和报酬相等。这项原则是：每一种具有社会价值的功能都需要有助于刺激和维持有效地履行该功能的酬报；每一个履行这种功能的人，都有权利（按照权利这个词的严格道德意义）获得这种酬报而没有权利获得其他更多酬报；现有财富的剩余应由社会支配，用于各种社会目的。

此外，在同样意义上，每一个能够履行某种有益社会功能的人都应当有这样做的机会，他为此而获得的报酬应该是他的财产，也就是说，应该由他自己支配，使他能够按照自己的愿望来处理自己的事务。这些权利是社会成员幸福的条件，一个秩序井然的国家应千方百计予以实现。但这并不是说实现这些权利的道路是平坦的，或者能够通过革命性地改变财产权或工业制度而一蹴即就。它确实意味着国家一般说来对财产拥有某种太上皇的权力，对工业拥有监督权，而这种经济主权原则可与经济公正原则并驾齐驱，成为经济自由主义的一个同样重要的概念。因为这里就像在任何其他地方一样，自由意味着控制。但是国家行使控制权的方式应通过经验来学会，在很大程度上甚至要靠小心谨慎的试验。我们力求确定一个原则来指导其行为，也就是它所要达到的目的。系统的研究方法主要是在经济领域里；历史的教导似乎是：当人们愿意把问题逐个地予以解决，而不是把它们彻底摧毁以建立一项吸引想象力的全面制度，进步就更持久可靠。

很明显，这些概念体现着许多构成社会主义教导体系的思想，虽然它们也强调似乎往往被社会主义忘记的个人权利和个人独立等因素。我要指出的差别在于经济自由主义对工业中的社会因素和个人因素一视同仁，而空想的社会主义则强调一个方面，空想的个人主义则把全部压力都施加在另一个方面。我们把和谐概念作为解决问题的线索，始终如一地按照共同利益来确定个人的权利，并按照构成一个社会的全体个人的利益来考虑共同利益。例如，在经济中，我们避免把自由与竞争混淆起来，不认为一个人有权占别人便宜是好事。在这同时，我们不把个人主动精神、才智或能力在生产中的作用减少到最低限度，而是让它们自由自在地去争取适当的承认。一个确信其制度的逻辑连贯性和实际适用性的社会主义者，也许会反对这种使各种不同要求协调一致的做法，认为它是半心半意、不合逻辑的妥协。同样，一个认为社会主义本质上在于消费者的工业合作组织，并确信彻底解决工业问题就在于此的社会主义者，当他考虑生产中的心理因素并研究实现他的理想的方法时，可能会发现自己正沿着小路倒退到这样一个地点，在那里他会遇到一些人正在按照这里提出的原则解决当代一些问题，并会发现自己实际上能够在经济自由主义的前列向前迈进。如果情况果真是这样，那么，政治自由主义与工党的日益扩大的合作（它在过去几年中已取代了90年代的对立）就绝非仅仅是政治上的权宜之计，而是深深地扎根于民主政治的需要。

第九章　自由主义的未来

19世纪可被称为自由主义时代，但是到了这个世纪的末叶，这项伟大运动却大大地衰落了。无论在国内还是国外，那些代表自由主义思想的人都遭到了毁灭性的失败。但是在许多种值得忧虑的事由中，这是最不重要的一种。如果自由主义者是失败了，自由主义的命运却似乎更惨。它正在对自己失去信心。它的使命似乎已经完成。这种信条好像正在僵化失效，变成化石，十分尴尬地夹在两块非常积极和有力地活动着的磨石当中——上面一块是财阀帝国主义，下面一块是社会民主主义。这两派人好像在对自由主义说："我们对你了解得十分透彻，我们已经钻进你的身体，从另一头出来。你是可尊敬的陈词滥调，老是科布登和格莱斯顿啊、个人自由啊、民族自由啊、人民当家作主啊，唠叨个没完。你讲的那一套并不是完全不对，但它是不真实的，令人厌烦的。"两派人异口同声地这样说。"你的那一套过时了，"帝国主义者和社会主义官僚最后说。"这不是面包和黄油，"社会民主党人最后说。这两派人在一切事情上都对立，只有在一件事上一致：他们要把未来在他们之间平分。但是，对他们的一致不幸的是，分配很快就看出是不平均的。无论社会民主主义的最终恢复力有多强，至少暂时在自由主义处于瘫痪时，帝国主义反动势力是独揽一切。英国的统治

阶级坚持自己的权利。他们要巩固帝国,同时以势把两个碍事的共和国压倒。他们要向国外"新俘虏的、死气沉沉的百姓讲授法律",要在国内通过学说教育来重建教会。在这同时,统治阶级要确立酒类利益——说到底,这是从上面实行统治的真正强有力的工具。统治阶级要用财政特惠的纽带使殖民地同我们结合在一起,并在保护贸易制的基础上建立巨大的商业利益。他们的政府,如同新学说最优秀的解释者所设想的,绝不可对社会良知的人道主义要求漠不关心。他们要制定工厂法,并建立工资委员会。他们要使人民有能力和守纪律。在纪律观念中,军事因素很快就占了更突出的地位。但是在这方面,舆论的演变经历过两个明显的阶段。第一个是乐观和扩张阶段。英国人天生就是世界的统治者。他会向德国人和美国人伸出友谊之手,把他们看作奉公守法的亲属。居住在世界其余地方的则是些垂死的民族,他们的明显的命运是被有前途的人种掌管,并被他们的商业辛迪加剥削。这种乐观心情没有维持到南非战争。它在科莱索和马格斯丰丹遭到了致命打击,在短短几年内,恐惧已断然取代了作为向国家和帝国团结前进的主要动力的野心。关税改革运动主要是一种对我们的商业地位不安全感所引起的。对德国的带点优越感的友谊迅速首先让位于商业妒忌,继而又让位于对我们国家安全的公开的忧虑。全部社会力量都集中在巨大的海军经费上,并把义务兵役观念强行灌输给不愿听命的人民。受过训练的国民不再需要用来统治世界,而是用来保卫本国的领土。

这里我们不打算多谈现代保守主义的迂回曲折的道路。我们只需要指出一点:现代民主主义面对的不仅仅是传统的惰性。它面对的是一项具有明确而并非没有条理的纲领的反动政策，是一个理想，这个理想就其最佳表现（例如在《晨报》的每日评论中）来说，肯定会对许多心胸宽大的人产生强大的吸引力——效率高、守纪律的国民，一个强大的、自足的、富于战斗性的帝国的统治力。我们所特别关心的是保守主义进程对民主主义的命运所产生的反应。但是，要了解这种反应，要正确估计自由主义的现状和前景，就必须对上一个世代进步思想的活动作一回顾。当格莱斯顿于1880年成立他的第二个政府时，老的政党制度在英国是牢固的。只有圣乔治海峡另一侧的一帮政客不承认伟大效忠的权威。对于英国有政治头脑的人来说，自由主义和保守主义的差别坚守住了阵地，这种分歧还不是一种阶段差别。伟大的辉格党家族保持了地位，出身贵族的他们把赃物分了。但是一种新的潜移默化的影响正在起作用。1872年达到顶点的繁荣正在衰退。工业发展减慢了；尽管从“饥饿的40年代”开始的进展是巨大的，人们正开始理解他们可以从紧缩和自由贸易期望的东西的限度。亨利·乔治先生的著作激发了对贫穷问题的新的兴趣，而威廉·莫里斯[①]的理想主义给了社会主义宣传以新的灵感。在这同时，格林的教导和汤因比[②]的热情把自由主义从一种个人主义的自由概念的桎梏中释放出来，为当代的立法铺平了道路。最后，费边社使社会主义

① 威廉·莫里斯（1834—1896）：英国作家、工艺美术家和空想社会主义者，主张通过道德和审美教育改造现实社会，建立理想社会。——译者

② 阿诺德·汤因比（1852—1883）：英国社会学家、经济学家，是最先着手研究产业革命时期工人状况的学者之一，鼓吹通过发展合作社、工会和政府援助来改善各劳动阶级的生活。——译者

从天上降落下来，并与实际政治和市政府建立了联系。如果英国曾是中太平洋的一个岛，前进运动将会是迅速而不离正道的。实际上，各种新的思想概念都反映在1880—1885年的议会和内阁中，伯明翰的激进主义好容易才同俱乐部的辉格党原则保持友好关系。重新分配社会力量，使“财产”利益与民主利益混合迫在眉睫，在社会问题上，被1884年农业工人获得选举权而增强的民主坚持要获得胜利。在这个时期，爱尔兰问题达到了紧要关头。格莱斯顿先生表示赞成地方自治，党内的分歧在错误的路线上进行。上层阶级和中产阶级大体上倒向统一主义，但是他们带走了一部分激进分子，而格莱斯顿先生的个人力量使一些人留在自由党方面，这些人对民主政治的需要的洞察力绝不是深刻的。政治斗争暂时从社会问题转向地方自治这单独一个引人注意的问题，新的统一党享有了20年几乎未中断的优越地位。另外，如果自治问题单独存在，它也许在1892年就解决了，但是与此同时，在80年代后期，社会问题变得迫切了。社会主义不再仅仅是一种学术力量，而是已开始影响有组织的工人，并且使工人中较有头脑的人下决心去解决不熟练工人问题。从1889年码头工人罢工起，新统一主义成了公共事务中一支战斗力量，工党的概念开始形成。在新的问题上，已经削弱的自由主义又进一步分裂，它在1892年的失败应更多地归咎于这个更大的原因。而不能单纯归咎于巴涅尔[①]闹

① 巴涅尔（1846—1891）：爱尔兰民族主义者，爱尔兰自治派领袖。1879年任爱尔兰农民争取土地改革的土地同盟主席。1882年因领导抵制运动，阻止议会通过有关爱尔兰的土地立法，被捕入狱。在狱中与政府妥协，同意不使用暴力进行斗争。后因婚姻问题受舆论非议，政治影响逐渐削弱。——译者

离婚的戏剧性个人事件。从1892到1895年,执政而没有立法权的自由党徒然进一步失去信誉,而帝国主义的崛起则使公众的兴趣全部转向一个新的方面。工人运动本身瘫痪了,1897年机工们的失败使采取罢工手段来达到社会大改革的希望归于泡影。但是,与此同时,舆论也在悄悄地发生变化。查尔斯·布思[①]先生和他的伙伴们煞费苦心地用科学术语详细阐述了贫穷问题。社会和经济史逐渐作为一个崭新的知识部门而形成。西德尼·韦布夫妇[②]的著述有助于澄清工人的有组织劳动和国家的职责之间的关系。眼光敏锐的观察家能够追踪一种更充分、更具体的社会理论的"有机纤维"。

另一方面,在自由党队伍中,许多最有势力的人在敌对势力的影响下,不知不觉地起了变化。他们在睡梦中变成了帝国主义者,只有当帝国主义的含义变得十分明显时,他们才觉醒过来。直到南非战争爆发,保守党政策的新发展才初次迫使一般自由党人考虑自己的处境。要有一种直率侵权的震动才能使他们猛醒,我们可以把党内正义观念作为有组织力量复活的日子定为1901年夏,这年夏天,亨利·坎贝尔·班纳曼爵士作了反对好战情绪潮流的演说,并以一句经典名言向战争手段挑战。这篇演说当时被认为是无可挽救地断送了他的政治生涯,但事实是,从演说这天起,这个迄今为止一直受冷遇的党领袖的名字成了政治集会上受欢呼的

① 查尔斯·布思(1840—1916):英国社会学家,著有《伦敦人民的生活和劳动》17卷,阐述社会各阶级的生活条件,并分析贫穷原因。——译者

② 西德尼·韦布(1859—1947):英国经济学家、社会史学家、费边社会主义倡导者之一,与其妻合写《工联主义史》、《工业民主主义》等多种著作。——译者

信号，一个没有突出天才，只有性格以及与性格俱来的洞察追随者心思的本领的人，在他的党内获得了犹如格莱斯顿的地位。这是第一个重大胜利，权利观念在自由主义心中恢复了原来地位。然后，随着保守党的攻势加强，其含义变得十分明显，老自由主义的影响又一个个地复活了。1902 年的教育法使非国教徒行动起来。关税改革运动使自由贸易采取守势，教人们懂得自由主义的老的经济学为他们做了些什么。搞实际政治的社会党和工党发现他们绝对少不了科布登的教诲。自由贸易财政将成为社会改革的基础。自由党和工党学会进行合作来抵制关于矫治失业的欺骗性诺言，并维护自由国际交流的权利。与此同时，工党本身也经受了攻击的充分压力。攻击并非来自政治家，而是来自法官们，但是在这个国家里，我们必须懂得法官在很大范围内实际上就是立法者，这些立法者具有某种执著的倾向，只有制定和废除法律的机关随时警惕和不断努力才能予以制止。在破坏工会的老的阵地时，法官们建立了现代工党，并巩固了它同自由党的联盟。在这同时，帝国主义在南非自食其果，保守党的理想破灭为自由主义复活的滚滚潮流打开了闸门。

潮流绝对没有消退。如果它不再像 1906 年选举中那样汹涌澎湃，现在也是一股涓涓细流，稳稳地向社会改良和民主政治流去。在这个运动中，一切党派都已足够清楚地看出，自由主义的独特概念有一种永久性的作用。例如，社会党人极其清楚地认识到，人民政府不是一个没有意义的口号，而是一个必须用战斗来维护和扩大的现实。他知道要达到自己的目的，就必须应付上院一人多次投票问题。他不再能把这些问题看作是半心半意的自由党人为了使注意力从社会问题转移而设置的障碍。他知道地方自治和权力下放等难题是民主组织的一个组成部分，而且，他照例不仅仅是默认妇女对政治权利的要求，而只是由于自由党迟迟不满足这个要求才同自由党争吵。自由党关于和平与紧缩的老的观点也被社会党人承认，同样也被全体社会改良者承认，认为它对成功地实现他们的目的是必不可少的。如果国家的岁入全部像时兴那样用来建造最昂贵的军舰，那么政府预算就不会减轻人民的疾苦，如果政府的精力被野心或恐惧分散，也就不能专心致志于改善国内条件。另一方面，从格莱斯顿传统出发的自由党人已在很大程度上认识到，如果要保持他的一些老的概念的实质，就必须通过一个适应和发展的过程。他已经懂得，自由贸易虽然为繁荣奠定了基础，但是并没有使大厦落成。他必须承认自由贸易并没有解决失业、工资过低和居住过度拥挤等等难题。他必须深深研究自由的意义，并重视实际情况对平等的意义所产生的影响。作为和平的使者及扩大军备的反对者，他已经认识到，把社会剩余用于进步工具是把它用于战争工具的真正替换方法。作为一个禁酒者，他正在一方面更多地依靠社会改进的间接影响，一方面依靠消灭垄断利益，而不是依靠绝对禁酒的捉摸不定的机会。

因此，在支撑自由党政府度过1910年危机的各种力量中，具有这样一种能激发和指导真正社会进步的有机观念因素。自由主义已绝处逢生，在与社会主义交换思想的过程中吸取了不止一个教训，也给了不止一个教训。其结果是一场更广泛、更深刻的运动，在这场运动中，头脑比较清醒的人从党的名称的差异后面，不顾某些真正的逆流，认识到了一个真正一致的目的。这场运动的前景如何？它能维持久远吗？它是我们所比拟的涓涓细流呢，还是一个必然逐渐沉入海底的浪头？

提出这个问题等于是问：民主政治是否在形式上和内容上都是一个可能实行的统治方式？要回答这个问题，必须问民主政治的真正意义是什么，为什么它是自由主义概念的必要基础？这个问题已经被附带提出过了，我们有理由认为个人主义者和边沁主义者对人民政体的论据都是不能令人满意的。我们甚至表示过一丝怀疑：在某些条件下，自由和社会正义的某些具体要素会不会在一个优胜阶级或一个秩序井然的专制政府统治下实现得充分，在选举权普遍扩大的情况下反倒实现得不充分？既然如此，可能有人会问，我们的民主概念究竟是建立在什么上面的？是建立在社会学的总原则上呢，还是建立在我国或当代文明的特殊条件上？我们的概念又如何与我们的其他社会秩序观念相联系？我们是否认为民主政治大体上会接受这些观念，或者，如果不接受，我们是否愿意默认它的决定是最后的？我们最终期待的又是什么？民主政治会坚持自己的权利吗？它会找到一个共同的目的，并使它具体化吗？或者还是一错再错，成为恐慌和野心、狂热和沮丧的消极对象，或者成为那些其职业是把它随意捏弄的人手中的呢？

先来谈总原则。民主政治不是单单建立在个人的权利或私人利益上面的。这仅仅是盾牌的一面。民主政治同样也建立在个人作为社会一员的职责上。它把共同利益建立在共同意志上，同时嘱咐每一个聪明的成年人扮演一个角色。一个民族自己不出力，无疑也能获得许多好东西。它可能有好的警察，有公正的司法制度，有教育，有个人自由，有组织有方的工业。它可能从一个外国统治者、一个开明的官僚或一位仁慈的君主那里获得这些好东西。不管是怎样获得的，它们全都是好东西。但是民主政治的理论是：这样获得的东西缺少一个给人活力的要素。一个被这样统治的民族就像这样一个人，他获得了财产、优秀的教师、卫生的环境、张满他的帆的和风这一切外在的礼物，但是他的顺遂的航程他自己并没有出多少力，或根本没有出力。对于这样一个人，我们给他的评价还不及给一个在逆境中奋斗而成就远为逊色的人的评价更高。我们所拥有的东西自有它们的内在价值，但是我们如何把它们弄到手同样也是个重要的问题。社会的情况也是这样。好的政府固然不错，但是好的意愿更胜一筹，甚至不完美的、吞吞吐吐、乱七八糟说出口的共同意愿，也可能有获得更高一级东西的力量，这是再完美的机器也无论如何达不到的。

但是，这个原则作出一个非常广泛的假定。它假定有一个共同意愿的存在。它假定获得公民权的人都能参加共同生活，都能真正对公共事务感兴趣，从而对形成一个共同的决定作出贡献。这个假定落了空，也就无民主政治之可言。在这种情况下，进步并不是完全不可能，但是它必须依靠那些看重具有社会价值的东西、通过艺术发明来增进知识或使生活文明化或形成一个狭小然而有效的舆论来支持自由和秩序的人的数目。我们还可以更进一步。无论政府具有什么样的形式，进步总是依靠那些如此地思考和生活的人，依靠这些共同利益笼罩他们的生活和思想的程度。但是，全心全意地热衷于公共利益是难得的。它不是群众的特性，而是少数人的特性，民主主义者清楚地知道是“残余分子”拯救了人民。他仅仅补充一点：这少数人的努力要能够成功，人民必须愿意被拯救。大多数成天在矿山或工厂为面包辛辛苦苦干活的人，他们的头脑里是不会永远塞满国际政策或工业法规的复杂细节的。指望他们这样做是荒谬的。指望他们响应和赞成那些有助于国家的道德和物质福利的事情则是不过分的，而民主主义者的观点是："残余分子"对人民进行说服，占领他们的心灵和愿望，要比把一些法律强加在他们头上，硬要他们服从和接受来得好。在这同时，少数人自身无论多么杰出，也总是有许多东西需要学习。有些人要比其他人优秀和聪明得多，但是经验似乎表明，几乎没有一个人比其他人优秀和聪明到这种地步，以致能永远对他们滥用权力而无所顾忌。相反，最优秀、最聪明的人是这样的，他愿意本着探索的精神深入到最卑微的人中间去，弄清他们需要什么，为什么需要，然后再为他们制定法律。在充分承认领导的必要的同时，必须承认完美的领导艺术在于获得群众的自愿的、心悦诚服的、有识别力的支持。

因此，个人会在极其不同的程度上对社会意愿作出贡献，但是民主政治的论点是：形成这样一个意愿，亦即扩大对一切公共事务的兴趣，本身就是一件好事，更为甚者，是一个证明其他好事合格的条件。但是，兴趣的扩大不是民主政体所创造的，如果兴趣既不存在，也不能使之存在，那么，民主就是一个空的形式，甚至比无用还糟。另一方面，凡是兴趣存在的地方，建立责任政府就是其发展的首要条件。即使如此，它也不是唯一的条件。现代国家是一个巨大而复杂的机体。一个选民感到自己迷失在无数选民之中，他对当代各种复杂重大的问题一知半解，意识到他投的一票对解决问题的作用是多么微小。他需要的支持和指导是同他的邻居和工友组织起来。例如，他能理解他所隶属的工会的事务，也能理解他的小教堂的事务。它们与他有切身关系。它们影响他，而他感到他也能够影响它们。通过这些兴趣，他接触到一些更大的问题——一项工厂法案或教育法案——在处理这些问题时，他会作为一个组织的一分子进行活动，这个组织的投票表决力量集中起来将是一个不容忽视的数量。他认识到了自己的责任，而认识责任乃是一切政府的难题。社会兴趣的发展——这就是民主政治——不仅依靠成年人的选举权以及当选立法机关的优势，而且还依靠各种使个人同集体联系起来的中间组织。这就是多种理由之一，为什么目前在我国被中央化官僚机构摧毁了的权力下放和地方自治是民主进步的要素。

民主政治的成功取决于选民对给予他们的机会的反应。但是，反过来说，给选民机会必须是为了唤起反应。实行民主政体本身就是一种教育。在考虑给哪个阶级、哪种性别或哪个种族以公民权时，着眼点是该阶级、该性别、该种族对这种责任可能作出的反应。它会有效地参与研究公共生活的问题吗，或者会不会是消极的投票材料，完全受不负责的政客的摆布？这个问题是正当的，但是人们极容易按照他们在没有公民权的人当中发现或自以为发现的淡漠或无知从比较不利的意义上来回答。他们忘记了，在那个方面，给公民权本身可能正是必须用来的唤起兴趣的刺激物，而当他们为容许无知的、不负责任的、甚至容易被收买的选民在政府中有发言权的危险所打动时，他们就容易忽视使社会上一部分人处在公民责任圈子以外这一起抵消作用的危险。政府的实际工作必然影响它同所有生活在其领域里的人的关系，同时自己也必然受这种关系的影响。要很好地适应的话,它至少必须考虑到全体人民中每一个阶级的特性和境况。如果有一个阶级是没有发言权的,结果政府在那个程度上就是不了解情况的。不仅仅是那个阶级的利益会受到损害,而且甚至就最好的意愿来说,在处理它时也会犯错误,因为它不能为自己说话。非官方的发言人会自命代表它的观点,也许会获得不应有的权威,仅仅因为没有办法对他们进行审查。因此,在我们中间,报纸一贯代表舆论是一回事,投票处的冷酷无情的算术最后宣布舆论结果又是一回事。只有选票才能有效地把沉默的公民从叫喊者和幕后操纵者的暴虐中解救出来。

我断言,存在着迟钝或无知并非是撤销责任政府或限制选举权范围的充分理由。必须有一种有凭有据的观点,认为政治上的无能是如此根深蒂固,以致扩大政治权利只会使能力较强的人当中一部分不大道德的人容易发挥不应有的影响。例如,在有色人中白人农场主实行寡头统治的地方,总是容易使人怀疑有色人普遍享有选举权是否是一种获得正义的可靠方法。可能存在这样一种经济和社会条件,“有色”人只能照他的主子吩咐的那样去投票;如果要让所有的人都享有基本权利的话,一种像我们的某些直辖殖民地所实行的半专制制度倒可能是最好的。另一方面,一个统治阶级或统治种族最害怕的是没有公民权的人吵吵嚷嚷地要求政治权利,而对于一个民主主义者来说,这恰恰是在缺少直接经验情况下相信他们适宜行使公民责任所能有的最有力的理由。民主主义者欢迎没有公民权的人所流露的不满,认为这是觉醒中的对公共事务的兴趣的最好证据。官僚们最害怕社会最终分裂,民主主义者却一点都不怕,因为经验已向他充分证明自由、责任和正义感

所具有的愈合力。再者,民主主义者不能是一个单单为自己国家着想的民主主义者。他不能不认识到国与国之间复杂微妙的相互作用,这使得民主政治在每一个地方的成功或失败都影响到其他国家。近年来,最使西欧自由主义欢欣鼓舞的,莫过于亚洲国家的政治觉醒的迹象。到昨天为止,白种人成为世界其余地方主宰的最终"命运"似乎是不可抗拒的。其结果可能是,无论民主政治在一个西方国家内发展得多么快,它永远会遇到这个国家与其属国关系中的相反原则的对抗,而这个矛盾,凡是悉心研究我国政治体制的人都不难看出,是对国内自由的一个持久威胁。亚洲从君士坦丁堡到北京的觉醒是当代最伟大、最有希望的政治现实,而当英国外交部与其他国家合谋把波斯自由扼杀在摇篮里,为了最无情的暴政利益而粉碎一个白种民族的自由时,英国自由党人却不得不袖手旁观,这对他们来说真是奇耻大辱。

民主主义的事业是与国际主义的事业息息相通的,这种关系是多方面的。今天,民族的骄傲、愤怒或野心席卷公众的头脑,转移了对国内进步的全部兴趣。明天,一种恐慌心理又起了同样的作用。利用公众感情已成为一门艺术,两个大党都不以为耻地加以利用,军事理想占据了人们的头脑,军费把公共资源消耗殆尽。另一方面,其他国家在政治、经济和社会等方面的进步又对我们自己在这些方面的进步产生影响。我们的商业对手在工业立法方面的落后早就成为反对我们自己在这方面继续前进的论据。相反,当它们超过我们时,就像它们现在经常是的那样,我们可以向它们学习。在物质上,世界正在迅速地成为一体,它的统一最终必然在政治制度中反映出来。老的绝对主权学说已经过时。今天一些较大的国家展示一种政府里有政府、权威被权威限制的复杂制度,并非不可能的未来"世界国家"必须奠基于一种自由的民族自主,就像目前英帝国内加拿大或澳大利亚所享有的那样充分和令人满意。民族争胜将较少地表现在扩大领土或计算兵舰大炮总数的欲望上,而更多地表现为努力扩大我国对文明生活的贡献。正和我们在我们的城市生活的新生中发现一种市民爱国精神,对地方大学感兴趣,对地方工业的规模感到自豪,对曾经创下犯罪和贫穷的可耻记录、如今死亡率在全国最低洋洋得意一样,我们作为英国人将较少关心我们的两艘无畏级战舰可能敌不过德国同样一艘战舰的问题,而更多地关心我们在发展科学、教育和工业技术方面是否比不上德国的问题。当我们从目前人为地引起的、极其虚伪的民族自卑心理恢复过来时,我们甚至将学会对我们作为一个国家对统治艺术、对已经创造出现代文明和正在改造现代文明的思想、文学、艺术和机械发明做出的特殊贡献感到骄傲。

自由主义支持民族自治和国际平等,就势必与通常表现的帝国主义观念发生冲突。但这并不是说自由主义对帝国作为一个整体的利益、对白人中普遍有的统一感情、对四分之一人类承认一面旗子、一个最高领导这一事实所包含的潜在价值漠不关心。就实行自治的殖民地而言,今天的自由党人必须面对科布登以来形势的变化,这种变化和我们在其他方面看到的变化没有什么两样。今天的殖民帝国实质上是老的自由主义所创建的。它建立在自治基础上,而自治是现存统一感情由之产生的根源。我们当代的难题是想出一套办法来更具体生动地表现这种统一感情而不损害它所依赖的自治权利。迄今为止,"帝国主义者"总是按照自己的方式处理问题，并巧妙地利用了有利于母国的阶级优势和反动立法的殖民地舆论或表面的殖民地舆论。但是殖民地当中包括世界上一些最民主的社会。它们天然对之表同情的不是保守党，而是联合王国最进步的党。它们赞成地方自治，它们在社会立法方面起表率作用。因此，那里存在着一种民主联盟的政治条件，英国自由党人应予以重视。自由党人可指望使他的国家成为一批自治的民主社会的中心，其中一个社会作为与其他讲英语民族大国连接的天然纽带。新的统一的基本机构开始在帝国议会中形成，其任务是调节帝国各不同部分之间的利益以及组织共同防卫。这样一种联合对世界和平或自由事业都不是威胁。相反，作为一种共同感情的天然结果，它是朝一种不包含对自治理想进行反击的更大的团结前进的步骤之一。它是"世界国家"的规模宏大的样板。

国际主义为一方，民族自治为另一方，是一种社会心理发展的基本条件，这种心理是与形式相对立的民主的实质。但是关于形式本身，最后还必须说几句。如果形式不合适，意志就无从表达，如果没有适当的表达，意志到头来就会遭到挫折和压制，陷于瘫痪。在形式问题上，民主统治（无论是人民直接统治还是代议政体）的固有困难在于它是由多数人实行的统治，而不是全体同意的统治。它的决定是大部分人民的决定，而不是全体人民的决定。这个缺点是必须作出决定而又不可能获得全体同意的不可避免的结果。政治家试图通过对转变过程使用一种属于制动器性质的东西来纠正这种情况。他们感到，要证明任何一项重要的新政策是正当的，必须有一样不止是勉强多数的东西。必须要么有巨大的多数，三分之二或四分之三的选民，要么必须克服一种阻力，这种阻力既能考验做新建议后盾的感情的数值，又能考验它的深度和力量。在联合王国，我们有一个正式的制动器——上院，还有几个非正式的制动器——行政部门、法院对民主议案的长期不变的反对、报纸以及我们称为社会的一切。所有这些制动器只朝一个方向开动。对反动没有约束，这种缺少约束的情况随着保守党推行它自己的明确和建设性的政策而变得更加严重。在这种形势下，自由党就开始借助削弱官方制动器的有生力量这一简单方法来对付它，但是，说实话，并没有对它要用来代替的制动器的性质下定决心。对这个问题说几句似乎是适当的。对下院制约的作用是争取重新考虑。保守党领袖们指出构成议会多数的偶然因素是正确的。任何一次大选的纲领总是合成的，比方说，一个选民发现自己不得不从一个他赞成其教育观点的关税改革者与一个他反对其教育政策的自由贸易者之间进行选择。这个缺点可以部分地用比例代表制来纠正，无论违反意愿与否，自由党人发现他们越是坚持下院的真正代表性，就越是朝比例代表制的方向前进。但是，即使比例代表制也不能完全解决选民面临的问题。普通人对他认为最重要、最可能立即提供解决的问题投赞成票。但他总是容易发现自己的期望落空，一届议会实际上是为了一个问题而当选的，却可能着手去处理另一个问题。议会法案提出的纠正办法是搁置两年，认为这样就能进行充分讨论，同时有充分机会让反对意见表达出来。这项提案曾两次提交选民投票表决，并由选民批准，如果有哪一项立法提案曾被批准的话。它应该使下院作为人民的代表能够对国家的永久性体制自由地作出决定。然而，法案本身并不为永久性解决作出规定。因为，让上院的构造保持不变，它就只是单方面的制约，仅仅对一些民主议案起作用，这些议案反正要受常设官员、法官、报纸以及社会的攻击。为了永久性的使用，制约必须是双方面的。其次，搁置的原则恐怕不足以制约一个大而顽固的多数。真正需要的是让人民有机会去重新考虑一项议案。这可以用两个方法中随便哪一个来实现。1)允许上院行使中止否决权，把一项议案推迟到下届议会讨论；2)允许下院以这样的方式提出议案，最后让人民直接投票表决。我个人感到遗憾的是，居然有那么多自由党人把公民表决拒于门外。的确，有许多议案是不适宜进行公民表决的。例如，影响一个特殊阶级或特殊地区的议案都容易落空。这些议案在那些主要受其影响的人当中可能获得绝大多数票，但是在其他地方只勉强获得同意，也可能人们对需要他们解决的问题缺乏直接知识，结果他们当中的多数人为了其他一些不相干的目的意图而把议案否决掉。还有，公民表决要奏效，只能是关于第一流的议案，而且只有在极其难得的情况下才能向公民请教。就所有两院分歧无法克服的一般事情来说，现政府可以把议案搁置起来，让下一届议会去讨论。但是另外还有一些紧急的议案、意义重大的议案，尤其是，超越政党的一般界线、我们的制度无法应付的议案，对于这些议案，直接诉诸人民就是最恰当的解决方法①。

因此，我们所需要的是一个完全从属于下院的公正的上院，它

① 财政议案绝对不适宜进行全民公决，这是无需饶舌的。财政控制和行政控制是并驾齐驱的，使其中随便哪一项脱离下院多数掌握，这不是改革我们的制度，而是把制度彻底毁掉，立法控制情况就不同了。在许多情况下，政府可以坦然把一项立法议案提交人民投票表决。

无法接触财政，因而也无法推翻一个内阁，但是能够将一项议案要么提交人民直接投票表决，要么等下次选举的裁决——现政府可两中择一。这样一个院可由人民直接投票选出。但是选举次数太多对民主政治的运转不利，而且难以使一个直接选举产生的院心安理得地处于从属地位。因此，作为替代方法，可以由下院自行按比例选举，其成员保留两届议会的席位。为了弥合这个变化，本届议会上院半数议员可由目前的上院选举，半数议员在本届议会期满时退下来，由下届下院和今后的每一届下院选举。这个上院将以同样比例反映本届和上届下院，各党之间应保持合理平衡。[1]上院有充分权利提出合理的修正，也有充分理由在坚持自己观点时保持克制。如果公众支持议案，就会明白下院将会认真予以处理，无论是通过全民公决，还是在一次大选中重新投信任票。下院则应当表现一种和解的姿态。他们不愿被迫把议案搁起来或诉诸人民。至于他们选择哪一种方法，他们绝对有权自行决定，如果他们解散议会举行大选，把一系列公共议案搁起来，等以后再批准，他们会公正地感到自己这样做是有充分理由的。

形式问题就到此为止。但是，民主主义的实际未来是寄托在一些更深刻的问题上的。它是同文明的普遍进步结合在一起的。我们已经懂得，社会的有机性质在一种意义上是理想，在另一种意义上却是现实。这就是说，没有一件重要事情在一个方面影响社会生活而不对整个组织产生反应。因此，举例来说，我们不能保持

① 对这些建议的最佳替换方法也许是一个小的、直接选举产生的上院，逢到发生难以克服的争议时举行联席会议，但不得搁置。很明显，这个建议具有获得保守党一定程度支持的优点。

巨大的政治进步而在其他方面不相应地进步。人民如果在工业上处在使他们心力交瘁的条件下,就不能充分发挥他们的政治能力。一个民族如果害怕另一个民族或使另一个民族害怕,就不能在充分意义上说是自由的。社会问题必须从整体来观察。这里我们就接触到了现代改革运动的一个最大的弱点。专门化已渗入政治和社会活动,人们在越来越大的程度上把全部精力用在专门一件事上,而把其他一切需要考虑的事置之不顾。当今世界进步需要的不是这种帮助,也不是这些辩护。我们倒是要向科布登学派学习一个最深刻的教训。对于他们,政治问题的分支是多方面的,但是其实质却是不可分的。那是一个实现自由的问题。我们有理由认为他们的自由概念是太浅薄了,要理解自由的具体内容,必须懂得它是以相互约束为依据,并把它作为互助的基础予以重视。因此,在我们看来,和谐作为一种团结的概念能起到更好的作用。我们还必须以同样中肯的理论,同样切合实际的智谋、同样的激励早期激进分子、给科布登的统计学以灵感,并使布顿特的雄辩增添光彩的推动力来使它贯彻始终。我们需要少一些狂热的宗派主义,多一些团结心理。我们的改革家应该学会少依靠即时成功的宣传价值而多依靠深刻但却不大显眼的实践或感情的变化,应该少想捞选票,多想如何使人信服。我们需要那些真正的民主感情之间的更充分的合作,对改革程序达成更多的协议。眼下,由于许多事业在前进中争夺首位,进步受到了阻碍。在这一点上,权力下放会对我们有所帮助,但是帮助更大的将是更清楚地认识到一切自命和自称民主主义者的人进行合作的必要性,这种合作以理解他们自身意义的宽度和深度为基础。这个忠告似乎使性急的人扫兴,但

是他们早晚会发现正义女神以她全部的美点燃了一股激情，它也许暂时不会焚烧成为熊熊大火，但将久久地燃烧着，放出温暖人心的热。

图书在版编目(CIP)数据

自由主义/(英)霍布豪斯著;朱曾汶译.—北京:商务印书馆,2017
(汉译世界学术名著丛书:120年纪念版:珍藏本)
ISBN 978-7-100-14383-7

Ⅰ.①自… Ⅱ.①霍… ②朱… Ⅲ.①自由主义—研究 Ⅳ.①D091.5

中国版本图书馆CIP数据核字(2017)第151999号

汉译世界学术名著丛书
(120年纪念版·珍藏本)
自 由 主 义
〔英〕霍布豪斯 著
朱曾汶 译

商 务 印 书 馆 出 版
(北京王府井大街36号 邮政编码100710)
商 务 印 书 馆 发 行
北京市十月印刷有限公司印刷
ISBN 978-7-100-14383-7

2017年12月第1版 开本710×1000 1/16
2017年12月北京第1次印刷 印张8½
定价:45.00元